ようやく
陽暦《ようれき》
余暇《よか》
翌朝《よくあさ》
翌日《よくじつ》
翌朝《よくちょう》
夜さり《よさり》
夜さりつ方《よさりつかた》
四次元《よじげん》
余日《よじつ》
夜すがら《よすがら》
余生《よせい》
四十路《よそじ》
四日《よっか》
夜通し《よどおし》
夜伽《よとぎ》
夜中《よなか》

令月《れいげつ》
黎明《れいめい》
令和《れいわ》
歴史時代《れきしじだい》
暦日《れきじつ》
暦注《れきちゅう》
暦年《れきねん》
歴年《れきねん》

盛夏《せいか》
盛期《せいき》
世紀《せいき》
世紀末《せいきまつ》
青春《せいしゅん》
星霜《せいそう》
聖誕祭《せいたんさい》
成年《せいねん》
盛年《せいねん》
青年期《せいねんき》
歳暮《せいぼ》

苗植月《なえうえづき》
中入り《なかいり》
中潮《なかしお》
長潮《ながしお》
長月《ながつき》
長年《ながねん》
中日《なかび》
ながらく
夏越し《なごし》
夏《なつ》
夏時間《なつじかん》
夏日《なつび》
夏休み
七種

将来
先行き
今後
以降

クロニクル
シンクロナイズ

とこしえ
とこしなえ
とことわ
年越し《としこし》
年頃《としごろ》
歳月《としつき》
年月《としつき》
年波《としなみ》
年の暮れ《としのくれ》
年の瀬《としのせ》
年の夜《としのよ》

記憶《きおく》
季夏《きか》
期間《きかん》
菊月《きくづき》
菊の節句《きくのせっく》
紀元《きげん》

もうすぐ
孟冬《もうとう》
木曜日《もくようび》
望の日《もちのひ》
目下《もっか》
最中《もなか》
桃月《とうげつ》
桃の節句
モラトリアム

一晩中
夜通し
夜すがら
夜もすがら

追憶《ついおく》
追懐《ついかい》
追想《ついそう》
朔日《ついたち》
朔《ついたち》
一日《ついたち》
通夜《つうや》
束の間《つかのま》
月明け《つきあけ》

時 TOKI の NO 名 NA 前 MAE

編集・文
三枝克之

写真
西美都

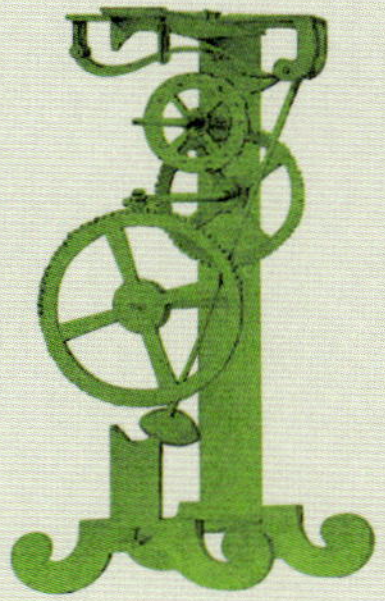

角川書店

ずっと

かつて

いつまでも

いつも

つとに

たびたび

たえず

つねに

しきりに

しょっちゅう

しばし

NAMES OF TIME

TOKI NO NAMAE

Designed by Midori Oda
Published by KADOKAWA CORPORATION

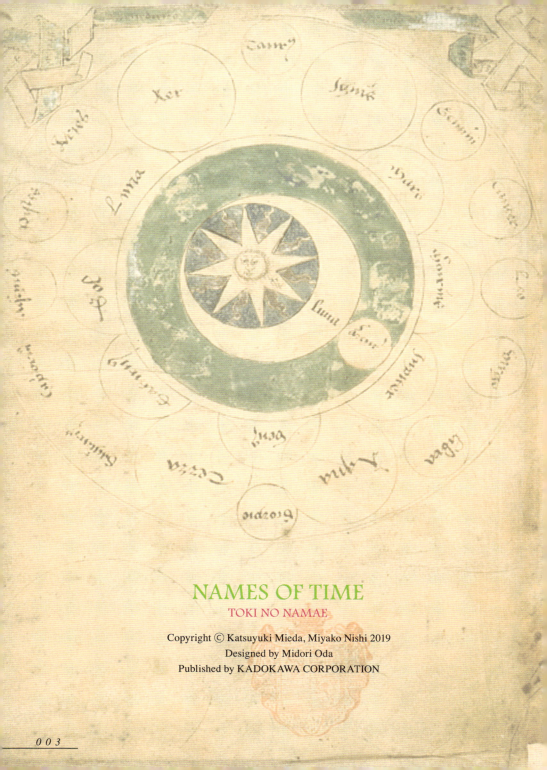

さっそく

まもなく

ちかぢか

もうすぐ

じきに

さっき

たちまち

ながらく

いきなり

しばらく

これから

◉本書は「時」や「時間」にまつわる言葉を、それをイメージした写真とともに紹介する「時」の図鑑です。物理学、天文学、考古学、歴史学、哲学などにおける専門的な用語や概念については、原則として紹介していません。

◉本書では470項目を取り上げて、その言葉に関する解説文を記しました。また解説文中に登場する言葉で、特に紹介しておきたいものについては、太字を用いて表記しました。

◉各項目は、日の章、月の章、年の章、暦の章、命の章、いにしえの章、とこしえの章の7つの章に適宜振り分け、各章の中では内容の関連性に基づいて配列しました。検索にあたっては、巻末の五十音順索引をご利用ください。なお索引には各項目名の他に、解説文中に太字で表記した言葉も収録しました。

◉本書には175点の写真を掲載し、各項目や各章の内容が視覚的にイメージできるようなレイアウトを心掛けながら適宜配置しました。各写真には、項目名に関連するキャプションを付記していますが、「時」にまつわる言葉の多くが抽象的な内容であるため、キャプションもあくまでもイメージとしてご理解ください。

◉日付の表記は、新暦に基づくものは算用数字、旧暦に基づくものは漢数字を用いています。

しだいに

ふと

おりしも

ひとまず

ときたま

いつか

ほどなく

ときどき

ひさしく

いまだ

ふいに

目次

いつしか
ゆくゆく
そのうち
ときに
おいおい
ようやく
やがて
ときとして
いずれ
そろそろ
いまさら

時間が過ぎ去っていくのではない。
我々が過ぎ去っていくのだ。

西洋の俚諺《りげん》

I 日の章

満潮

日の出《ひので》

太陽が水平線や視地平線から見え始める時刻。対語は日の入り。

鶏鳴《けいめい》

鶏が鳴くことから、夜明けを指す。古い時法では**丑の刻**《うしのこく》（午前2時頃）のこと。

やがて鶏鳴近い山の姿は、一様に露に濡れたやうに、しつとりとして静まつて居る。（折口信夫《おりくちしのぶ》／死者の書）

丑の刻

つとめて

早朝《そうちょう》、もしくは**翌朝**《よくちょう よくあさ》を指す古語。早い朝を表す言葉は他に、**早暁**《そうぎょう》、**早天**《そうてん》、**早旦**《そうたん》などがある。

冬はつとめて。雪の降りたるはいふべきにもあらず、（清少納言《せいしょうなごん》／枕草子）

早朝　翌朝
早暁　早天
早旦

払暁《ふつぎょう》

もう少しで夜が明けきろうとする頃。**明け方**《あけがた》。

払暁の薄い朱鷺色《ときいろ》を背にうけて、ゆったりとたゆたっているその船。（久生十蘭《ひさおじゅうらん》／顎《あご》十郎捕物帳13　遠島船）

明け方

夜明け《よあけ》

夜が終わり、太陽が昇る時。その前後の空が明るくなる頃。対語は日暮れ。**明け**《あ》、**朝明け**《あさあ》、**白白明け**《しらしらあ》、**仄仄明け**《はのはのあ》ともいう。

棚の上に　君のベッドに君を還さう／……夜明けのランプよ（三好達治《みよしたつじ》／閒花集《かんか》　夜明けのランプ）

漢語では**黎明**《れいめい》。夜明けも黎明も、変革期の始まりの比喩《ひゆ》としても用いる。

明け
朝明け
白白明け
仄仄明け
黎明

暁《あかつき》

明時《あかとき》から転じた言葉。古くは宵・夜中に続く**夜明け前**《よあけまえ》のまだ暗い時間帯を称した。古代の通い婚の時代には、男が女の家を去らねばならない時間でもあった。

有明のつれなく見えし別れより暁ばかり憂《う》きものはなし（壬生《みぶの》忠岑《ただみね》・古今集）

今はむしろやや明るくなった頃を指し、物事がやがて成就する時の喩《たと》えにも使う。春の暁は**春暁**《しゅんぎょう》といい、「春眠暁《しゅんみん》を覚えず」で始まる孟浩然《もうこうねん》の漢詩のタイトル。

明時
夜明け前
春暁

彼は誰時《かわたれどき》

まだ薄暗い明け方、人の見分けがつかずに「君の名は?」と尋ねるような時間帯。日没時の同様の時間帯にも使うが、そちらは**誰《た》そ彼時《かれどき》**と呼ぶことが多い。

父の顔を粘土《どろ》にてつくれば/かはたれ時の窓の下に/父の顔の悲しくさびしや(高村光太郎《たかむらこうたろう》/道程　父の顔)

―誰そ彼時

曙《あけぼの》

「明け仄《ほの》」の意で、夜がほのぼのと明けゆく時間帯。暁の終わり頃。ぼんやり霞んだ曙は、「朝おぼろ明け」が転じ、**朝《あさ》ぼらけ**とも呼ばれる。

明けぼのや白魚《しらうを》しろきこと一寸(松尾芭蕉《まつおばしょう》/野ざらし紀行)

明けぬれば暮るるものとは知りながらなほ恨めしき朝ぼらけかな(藤原道信《ふじわらのみちのぶ》・後拾遺集《ごしゅうい》)

―朝ぼらけ

東雲《しののめ》

東の空が白んでくる時間。古代の住居では篠竹で作った粗い簾《すだれ》の編み目、「篠の目」を明かり採りにした。そのためここから差す明け方の光、また明け方そのものをこう呼ぶようになった。同様に**いなのめ**（稲の目）とも。

しののめのほがらほがらと明けゆけばおのがきぬぎぬなるぞかなしき（作者不詳・古今集）

後朝《きぬぎぬ》は共寝した男女がそれぞれの衣服（衣衣）を着て別れる朝のこと。

いなのめ　後朝

明け六つ《あけむつ》

機械時計のない時代には、夜明けから日暮れまで、また日暮れから夜明けまでをそれぞれに6等分し、その12回の区切りごとに鐘を鳴らし、民衆に時を知らせた。この夜明けの鐘の時刻を明け六つという。季節によって変わる不定時法だが、現在の午前6時前後に当たる。日暮れの鐘の時刻は**暮《く》れ六《む》つ**。

暮れ六つ

朝《あさ・あした》

日の出から数時間、あるいは正午までの時間。**朝方**《あさがた》、**朝《あさ》のうち**は前者を強調したい際に用いる。雅語では「ゆうべ」に対して「あした」と読む。

朝方
朝のうち

今朝《けさ》

正午を過ぎてからその日の朝を示す言葉。**今朝方**《けさがた》とも。

今朝方

朝夕《あさゆう》

朝と夕方。転じて、毎日繰り返される様子に用いる。**朝晩**《あさばん》、**日夜**《にちや》も同様に毎日の意もある。**一朝一夕**《いっちょういっせき》は、ひと晩かそこらの短い日数のこと。

朝晩
日夜
一朝一夕

朝っぱら《あさっぱら》

起床から間もない時間。朝食前の空腹状態「朝腹《あさはら》」から転じた語で、多少のイライラした気分を伴う。同様の時間でも、**朝一番**《あさいちばん》はポジティブな印象。

朝一番

十二時辰《じゅうにじしん》

近代より前に用いられた時法で、1日を2時間ごとに区切ったもの。**十二辰刻**《じゅうにしんこく》、**十二刻**《じゅうにこく》ともいう。午前0時を子《ね》の正刻《せいこく》（真ん中）とし、順に十二支の名で呼ぶのが一般的。昼の12時は午《うま》の正刻となる。また子の刻を**夜半**《やはん》、そこから順に、**鶏鳴**《けいめい》、**平旦**《へいたん》、**日出**《にっしゅつ》、**食時**《しょくじ》、**禺中**《ぐうちゅう》、**日中**《にっちゅう》、**日昳**《にってつ》、**晡時**《ほじ》、**日入**《にちにゅう》、**黄昏**《こうこん》、**人定**《じんてい》ともいう。

十二辰刻　十二刻
夜半　鶏鳴　平旦
日出　食時　禺中
日中　日昳　晡時
日入　黄昏　人定

午前《ごぜん》

十二時辰の名残で、午の正刻より前の時間のこと。広義では、夜の0時から昼の12時まで。狭義では、夜明けから昼の12時までを指す。

小昼《こひる》

朝食と昼食の間の**昼前**《ひるまえ》の時間帯。またその頃に食べる間食のこと。

昼前

正午《しょうご》

午の正刻、すなわち昼の12時のこと。太陽が南中する時刻。

昼《ひる》

日のある間として、夜の対語として使う場合と、朝と夕に対し、日の明るい時間帯を表す場合とがある。前者の類語は、**日中**《にっちゅう》。後者の類語は、**昼間**《ひるま》、**昼中**《ひるなか》。さらに日が高いと、**真昼**《まひる》、**昼日中**《ひるひなか》、**真っ昼間**《まっぴるま》と呼ぶ。

日中　昼間　昼中
真昼　昼日中　真っ昼間

白昼《はくちゅう》

真昼の太陽の光がもっとも眩しい時間。**日盛**《ひさか》**り**。犯罪行為や、本来は夜に行うべき営みと結びつけて使われることが多い。

日盛り

昼下がり《ひるさがり》

昼過《ひるす》**ぎ**。昼食を終え、午後2時頃までのつい微睡《まどろ》みたくなるような時間。白昼と対照的に、平和で牧歌的な事柄に使われることが多い。

昼過ぎ

午後《ごご》

午前に対し、午の正刻より後の時間を指す。広義では、昼の12時から夜の0時まで。狭義では、昼の12時から日の入りまでのこと。

お八つ《おやつ》

昔の時法で、**八《や》つ時《どき》**の鐘が鳴るのは、午後2時から3時頃。江戸時代以降はこの時間に休憩を取ったことから、その時に食べる軽食や菓子を「おやつ」と呼ぶようになった。今の時法では「お三時」だが、新旧の時法を併用し、「三時のおやつ」として使われることが多い。

八つ時

七つ下がり《ななつさがり》

昔の時法で、午後4時過ぎ頃を指す。転じて、夕食が待ち遠しく感じる空腹状態のこと。あるいは古びて色が褪せてきた衣服のこと。

満潮《まんちょう》

潮が満ちてきて、海面の水位がもっとも高まる時間。24時間中に2回ある。

潮時《しおどき》

潮が満ち始める時や、潮が引き始める時。漁に良い時間であることから、物事を行うのにちょうど良い**頃合《ころあ》い**、**好機《こうき》**の喩えにも使う。**時機《しき》**、**時宜《じぎ》**とも。引き際の意味ではない。

頃合い　好機
時機　時宜

干潮《かんちょう》

潮が引いていき、海面の水位がもっとも低くなる時間。24時間に2回、満潮と満潮のちょうど真ん中の時間にある。

潮先《しおさき》

潮が満ちてくる時。転じて、何かが始まる時のこと。

汐先やよしきり騒ぐいなさ東風《こち》（鈴木《すずき》道彦《みちひこ》／蔦本集《つたのもとしゅう》）

ひねもす

朝から夕方まで**一日中**《いちにちじゅう》。**終日**《しゅうじつ》のこと。**ひもすがら**、**日**《ひ》**がな一日**《いちにち》とも。

春の海終日《ひねもす》のたりのたりかな（与謝蕪村《よさぶそん》／蕪村自筆句帳）

一日中
終日
ひもすがら
日がな一日

夕方《ゆうがた》

日が傾いてきて、次第に夜に近づく時間。古くは**夕《ゆう》つ方《かた》**と呼ばれた。現代では狭義の午後においてその後半の時間帯をイメージさせる。**夕《ゆう》**、**夕刻《ゆうこく》**、**夕《ゆう》まし**、**夕《ゆう》さり**とも。雅語では**夕《ゆう》べ**だが、**昨夜《ゆうべ》**と書いて、前日の夜の意にも使われる。

我がやどのいささ群竹《むらたけ》吹く風の音のかそけきこの夕《ゆうべ》かも（大伴《おおともの》家持《やかもち》・万葉集）

夕つ方
夕
夕刻
夕まし
夕さり
夕べ
昨夜

夕暮れ《ゆうぐれ》

日が沈む前後の薄暗い時間帯。**日暮《ひぐ》れ**、**暮《く》れ**、**暮《く》れ方《がた》**などともいう。古語の**夕間《ゆうま》暮《ぐ》れ**の「まぐれ」は「目暗」の意で、あたりが見えづらいことから。

風そよぐならの小川の夕暮れはみそぎぞ夏のしるしなりける（藤原家隆《ふじわらのいえたか》・新勅撰集）

日暮れ
暮れ
暮れ方
夕間暮れ

日の入り《ひのいり》

太陽が西に沈み、上縁が水平線や視地平線に接する時刻。**日没《にちぼつ》**。

日没

入相《いりあい・いりやい》

夕暮れや日の入りを表す雅語。

入相の声する山のかげくれて花のこのまに月出《い》でにけり（永福《えいふく》門院《もんいん》・玉葉集《ぎょくようしゅう》）

「入相の声」とは日没時に鳴らす鐘の音のこと。

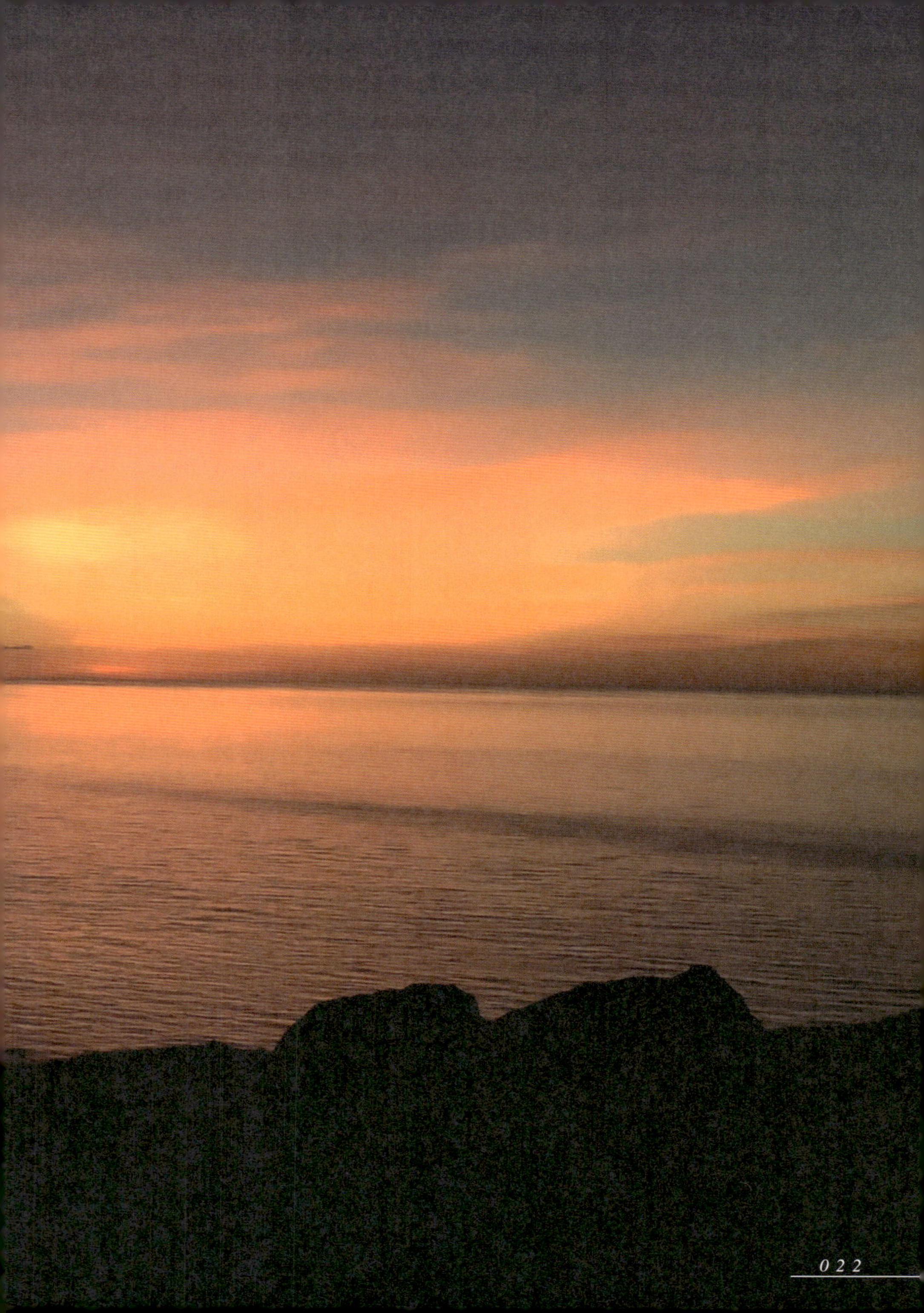

黄昏《たそがれ》

日が暮れて薄暗くなり、人の見分けがつかずに「誰《た》そ彼は?」(あの人は誰?)と尋ねるような時分。**黄昏時《たそがれどき》**の略。

わすれ居て久しきものかたそがれの底に真白きわが足を見つ(岡本《おかもと》かの子/わが最終歌集)

黄昏時

火点し頃《ひともしごろ》

ロウソクやランプなどの明かりに火を点す時分という意で、夕暮れ時のこと。

火ともし頃より筆やが店に転がりて、今日の酉《とり》の市目茶々々に此処《ここ》も彼処《かしこ》も怪しき事成りき。(樋口《ひぐち》一葉《いちよう》/たけくらべ)

薄暮《はくぼ》

日が暮れてなお薄明かりが残る時間帯。日が暮れそうでいてなかなか暮れない時分を**暮《く》れ泥《なず》む頃《ころ》**と呼ぶ。

我れは薄暮の客たまたまここに過《よぎ》るもの/問ふなかれ何の心と(三好達治/駱駝《らくだ》の瘤《こぶ》にまたがつて　水光微茫)

暮れ泥む頃

宵の口《よいのくち》

日が暮れて間もない時間。酒好きはしばしば深夜にもこの語を使うが、それは「酔いの口」と言いたいのだろう。海外のパブやバーでは宵の口の前後に酒類を割引提供することがあり、**ハッピーアワー**(happy hour)と呼ばれている。

ハッピーアワー

逢魔が時《おうまがとき》

時間の概念のなかった太古の人類は、1日は昼の世界と夜の世界で作られていると考えていた。そしてその間にある夜明けや黄昏時はどちらにも属さない異界で、魔物や災厄が潜むとして恐れた。魔物に逢う時、災禍の起こりやすい時ということで、黄昏を逢魔が時、**大禍時《おおまがとき》**と呼ぶのは、そんな原初の記憶の名残だろうか。沖縄言葉で黄昏を指す**アコークロー**は「明るい・暗い」の意で、やはりマジムン(魔物)が出る時間とされていた。

大禍時
アコークロー

小夜《さよ》

夜を美化して呼ぶ表現。夜中を**小夜中**《さよなか》、夜通しを**小夜すがら**《さよ》ともいう。小夜曲はセレナーデのこと。

小夜更けて今はねぶたくなりにけり　夢に逢ふべき人や待つらむ（村上天皇《むらかみ》、滋野内侍《しげののないし》・拾遺集）

小夜中
小夜すがら

夜分《やぶん》

夜のうち、夕食後から就寝前までの寛いだ時間帯を指し、それを邪魔してしまう恐縮な気持ちを表す際によく使われる。**夜中**《やちゅう》、**夜間**《やかん》とも。

夜中
夜間

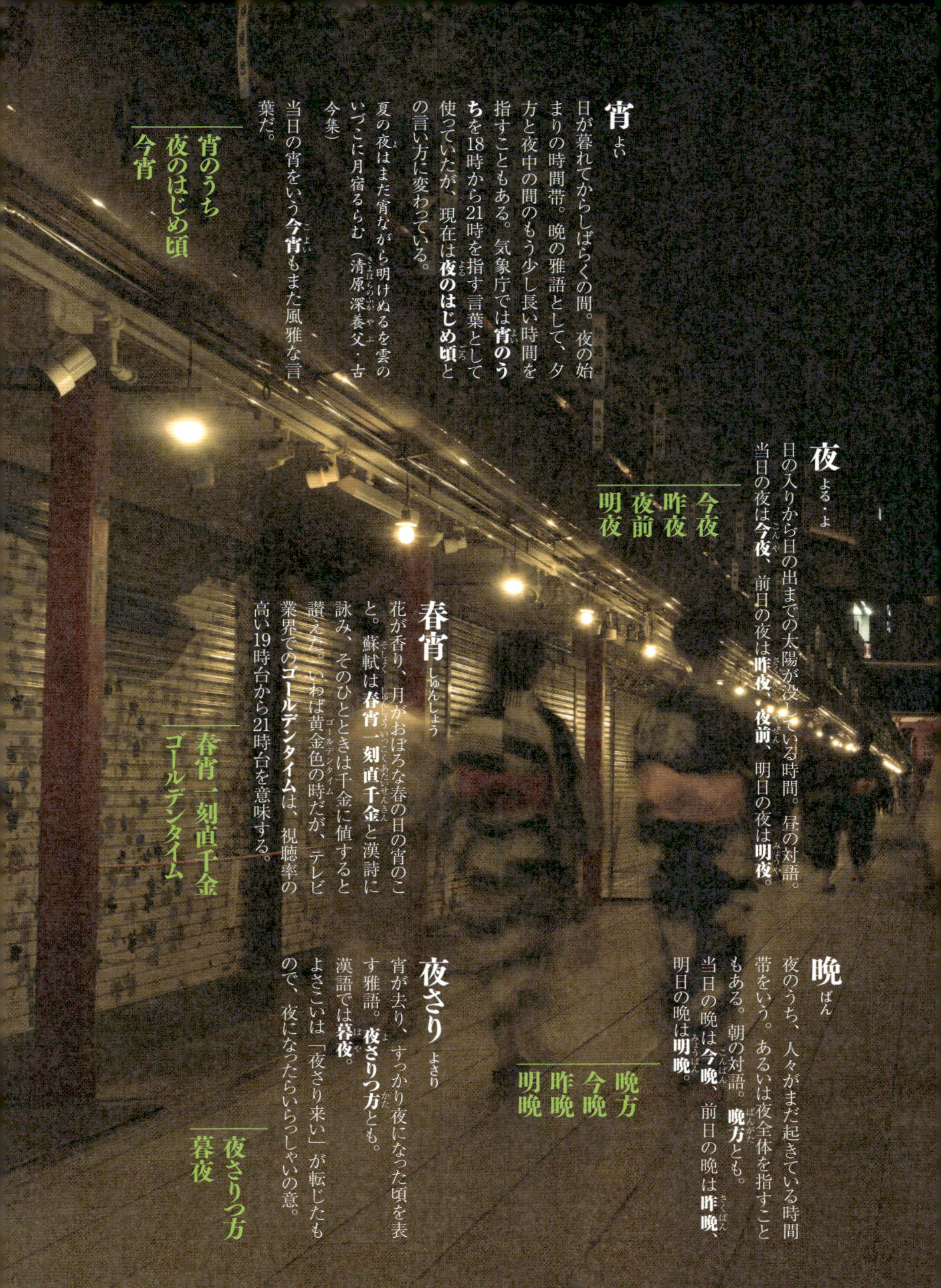

宵 よい

日が暮れてからしばらくの間。夜の始まりの時間帯。晩の雅語として、夕方と夜中の間のもう少し長い時間を指すこともある。気象庁では**宵《よい》のうち**を18時から21時を指す言葉として使っていたが、現在は**夜《よる》のはじめ頃《ごろ》**との言い方に変わっている。

夏の夜《よ》はまだ宵ながら明けぬるを雲のいづこに月宿るらむ（清原深養父《きよはらのふかやぶ》・古今集）

当日の宵をいう**今宵《こよい》**もまた風雅な言葉だ。

宵のうち
夜のはじめ頃
今宵

夜 よる・よ

日の入りから日の出までの太陽が没している時間。昼の対語。当日の夜は**今夜《こんや》**、前日の夜は**昨夜《さくや》**、**夜前《やぜん》**、明日の夜は**明夜《みょうや》**。

今夜
昨夜
夜前
明夜

春宵 しゅんしょう

花が香り、月がおぼろな春の日の宵のこと。蘇軾《そしょく》は**春宵一刻直千金《しゅんしょういっこくあたいせんきん》**と漢詩に詠み、そのひとときは千金に値すると讃えた。いわば黄金色《ゴールデンタイム》の時だが、テレビ業界での**ゴールデンタイム**は、視聴率の高い19時台から21時台を意味する。

春宵一刻直千金
ゴールデンタイム

晩 ばん

夜のうち、人々がまだ起きている時間帯をいう。あるいは夜全体を指すこともある。朝の対語。**晩方《ばんがた》**とも。

当日の晩は**今晩《こんばん》**、前日の晩は**昨晩《さくばん》**、明日の晩は**明晩《みょうばん》**。

晩方
今晩
昨晩
明晩

夜さり よさり

宵が去り、すっかり夜になった頃を表す雅語。**夜《よ》さりつ方《かた》**とも。漢語では**暮夜《ぼや》**。

よさこいは「夜さり来い」が転じたもので、夜になったらいらっしゃいの意。

夜さりつ方
暮夜

四六時中《しろくじちゅう》

一日中。始終。掛け算の九九《くく》の「四六《しろく》、二十四《にじゅうし》」から。1日が24時制になってから生まれた新しい言葉。それ以前の十二時辰の時代は**二六時中**《にろくじちゅう》と言った。

—**二六時中**

25時《にじゅうごじ》

翌日の午前1時のこと。本来の時刻表示は24時（午後12時）に当たる時刻に、日付が変わるとともに午前0時にリセットされる。しかし24時を越えて活動が続く場合には、このような表現を用いることが増えてきた。テレビ番組表などではすでにこの形式が一般的。
とはいえ、1日が24時間より増えたと感じるのは過労死の始まり。

子の刻《ねのこく》

十二時辰において、正刻を午前0時頃とする前後約2時間。**午夜**《ごや》は午前0時のこと。

—**午夜**

夜半《やはん》

夜の真ん中。**夜中**《よなか》、**真夜中**《まよなか》。午前0時から1時前後。**半夜**《はんや》、**よわ**ともいう。よわに夜半の字を当てることもある。英語でも同様の考えから**ミッドナイト**（midnight）が深夜の意。

めぐり逢ひて見しやそれとも分かぬ間に雲隠れにし夜半の月影（紫式部《むらさきしきぶ》・新古今集）

―夜中　真夜中　半夜
よわ　ミッドナイト

深夜《しんや》

多くの人々が睡眠を取っている時間帯を指す。労働基準法においては午後10時から午前5時まで。

夜更け《よふけ》

夜遅い時分。深夜のうち、人々が眠りにつくかつかないかぐらいの時間帯のイメージがある。漢語では**深更**《しんこう》。

星と枯草が話してゐた／静かな夜更け／私のまはりにだけ風が吹いてゐた（壺井繁治《つぼいしげじ》詩集　星と枯草）

―深更

未明《みめい》

夜中を過ぎ、空が白み始める前までの明け方近い夜。**残夜**《ざんや》。眠れぬ時にはことさら長く感じる時間でもある。気象庁では午前0時から午前3時頃までを未明としている。

残夜

丑三つ時《うしみつどき》

草木も眠るほどの深夜。丑の刻の2時間を4つに分けた際の3番目の時間帯の意で、現在の午前2時から2時半頃に当たる。丑の刻には、恨む相手に見立てた藁《わら》人形を神社の神木に打ち付ける、丑の刻参りという呪術が行われたとされる。

五更《ごこう》

午後7時頃から翌午前5時頃までの夜の時間を、おおよそ2時間ごとに5つに分けた呼び方。順に、**初更**《しょこう》、**二更**《にこう》、**三更**《さんこう》、**四更**《しこう》、**五更**《ごこう》。その第五番目の五更は、**寅の刻**《とらのこく》、今の午前3時から5時頃（春期）に当たる。

初更　二更　三更
四更　五更　寅の刻

五夜《ごや》

五更と同じ夜の時間をそれぞれ**甲夜**《こうや》、**乙夜**《いつや》、**丙夜**《へいや》、**丁夜**《ていや》、**戊夜**《ぼや》と称した時制。

甲夜　乙夜　丙夜
丁夜　戊夜

六時《ろくじ》

仏教で1日を6分した勤行《ごんぎょう》の時刻。**晨朝**《じんじょう》、**日中**《にっちゅう》、**日没**《にちもつ》、**初夜**《しょや》、**中夜**《ちゅうや》、**後夜**《ごや》の6つ。一日中の意も。

晨朝　日中　日没
初夜　中夜　後夜

ブルーアワー blue hour

好天の日の出前や日の入り後に、空が濃い青色に染まる時間。**ブルーモーメント**（blue moment）とも。日本ではわずかな時間しか訪れないが、緯度の高いヨーロッパの夏だと長く楽しめ、朝日や夕日よりもむしろ印象に残る。

朝まだき あさまだき

夜がまだ明けきらない薄暗い時分。

朝まだき霧の晴れぬ間に家を出《い》で野を歩み林を訪《と》う（国《くに》木《き》田《だ》独歩《どっぽ》／武蔵野）

有明 ありあけ

本来は、陰暦十六日以降の月が空に残ったまま明ける夜明けのことを言う。しかし後には、夜明け一般の意味でも使われるようになった。

有明にふり向《むき》がたし寒さかな（向井《むかい》去来《きょらい》／篇突《へんつき》）

ブルーモーメント

白夜 はくや・びゃくや

高緯度地域の夏至前後の期間、日が没したあとの薄明が真夜中までも続き、薄明るい空のまま日の出を迎える夜のこと。

薄明 はくめい

日の出前に空がほんのりと明るくなる時間。地平線下の太陽の光が上空に散乱することで生じる。日没後の薄明かりの時間にも使う。

英語では**トワイライト**（twilight）。

暁の薄明に死をおもふことあり除外例なき死といへるもの（斎藤茂吉《さいとうもきち》／つきかげ）

トワイライト

マジックアワー magic hour

写真用語で、夜明け前や日没後の薄明の時間帯をいう。光がソフトで、空の色がドラマチックに変化するため、美しい写真が撮りやすいことからこう呼ばれる。

終夜 しゅうや

日暮れから夜明けまでずっと。**一晩《ひとばん》中《じゅう》**、**夜通《よどお》し**。古語では**夜《よ》すがら**、**夜《よ》もすがら**。

夜もすがらもの思ふころは明けやらぬ閨《ねや》の隙《ひま》さへつれなかりけり（俊恵《しゅんえ》法師・千載集）

一晩中
夜通し
夜すがら
夜もすがら

暁降ち あかときくたち

夜が終わり、明け方が近づく頃。

II 月の章

月夜

朔日　ついたち・さくじつ

月が太陽と同じ方向にあって、暗い半面を地球に向けるため、月が見えないことを朔《さく》という。つまり新月のことで、この日を旧暦（太陰太陽暦）では朔日と呼び、ひと月の第1日目とした。一文字で**朔**《ついたち》とも。
「ついたち」の読みは、籠もっていた月が姿を現す「月立ち」からの音便。
しづかなる睦月《むつき》ついたちほのぼのと遠山の秀《ほ》の雪を思へり（釈迢空《しゃくちょうくう》／倭《やまと》をぐな）

朔

一日　ついたち

旧暦の名残で、新暦においてもその月の第1日目は「ついたち」と呼ぶ。
以下、**二日**《ふつか》、**三日**《みっか》、**四日**《よっか》、**五日**《いつか》、**六日**《むいか》、**七日**《なのか》、**八日**《ようか》、**九日**《ここのか》、**十日**《とおか》と続き、20日目を**二十日**《はつか》と呼ぶが、日本語を学習する外国人には複雑に思えることだろう。

二日　三日　四日　五日
六日　七日　八日　九日
十日　二十日

星月夜　ほしづきよ・ほしづくよ

新月の頃、月がなくても星の光だけで明るく感じる夜のこと。ゴッホの名画のタイトルにもなっている。
それは恰度《ちょうど》日本の秋を思はせるような涼しい星月夜であった。（岡本かの子／星）
月も星もない夜は**闇夜**《やみよ》。

闇夜

月初め　つきはじめ

その月の最初の数日間。一般には第1週目あたりまで。**月明け**《つきあ》は、前月において翌月の月初めを指す。

月明け

上旬《じょうじゅん》

10日間、あるいは10日ほどを**旬日**《じゅんじつ》といい、その月の1日から10日頃までが上旬。**初旬**《しょじゅん》も同義だが、近年は月初めの意でも使われる。**旬余**《じゅんよ》は10日余りのこと。**旬月**《じゅんげつ》は10日間や1ヶ月の意で、わずかな日数の喩え。

旬日　初旬
旬余　旬月

大潮《おおしお》

一日の潮の干満の差が、ひと月でもっとも大きくなる時。月に2回、新月と満月のそれぞれ1～3日後に当たる。釣りや潮干狩りなどの好機。

縁日

初日《しょにち》

物事のスタートの日。あるいは催事、演劇、相撲などの興行の最初の日。相撲では2日目以降に力士が初めて勝った時にも使う。

縁日《えんにち》

神仏の降誕や示現等に因《ちな》んだ日で、供養や祭りが行われる。この日にその寺社を訪れると御利益も大きいとされ、その人出を見込んで市が立ったり、屋台が並ぶ。水天宮は5日、弘法大師は21日、天神様は25日など。

三日夜 みかよ

婚礼から3日目の夜。平安時代の貴族社会では、この日に夫婦が一緒に餅を食べる儀礼があり、その後は離婚できないとされた。これを三日夜の餅、三日《みか》の餅《もちい》などという。

中日 なかび

興行期間などの真ん中に当たる日。彼岸の春分・秋分をいう際は、中日《ちゅうにち》と読む。

相撲、寄席、芝居などで、途中に入る休憩時間は**中入り**《なかい》という。

中入り

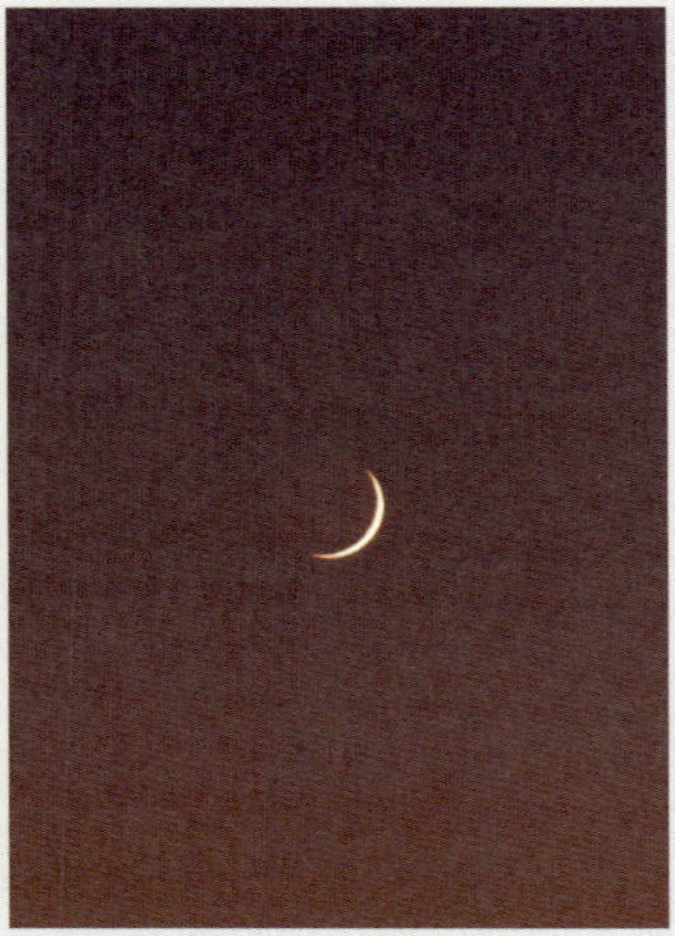

三日夜

中潮 なかしお

一日の潮の干満の差が中ぐらいの時。大潮から小潮へ、また小潮から大潮へ変わる期間の中間。大潮に次いで釣果が期待できる。

千秋楽 せんしゅうらく

演劇、相撲などの興行の最終日。法会の最後には雅楽の「千秋楽」を演奏したことに因むという。**楽**《らく》、**楽日**《らくび》とも。

梅雨が過ぎて盆芝居の興行も千秋楽に近づくと誰も彼も避暑に行く。郷里へ帰る。（永井《ながい》荷風《かふう》／夏の町）

楽　楽日

睦月《むつき》

旧暦正月（一月）の異称。語源は、親類や知人と睦《むつ》まじく集うことから「睦び月」と呼ばれたという説が有力。他の正月の異称には、**太郎月《たろうづき》**、**端月《たんげつ》**、**孟春《もうしゅん》**などがある。

正月《むつき》立ち春の来《きた》らばかくしこそ梅を招《を》きつつ楽しき終《を》へめ
（大弐紀卿《だいにのききょう》・万葉集）

太郎月
端月
孟春

如月《きさらぎ》

旧暦二月の異称。語源は、草木が甦《よみがえ》る「生更木《きさらぎ》」からとも、寒いので衣服を重ね着する「衣更着《きさらぎ》」からとも。他の二月の異称には、**木《こ》の芽月《めづき》**、**令月《れいげつ》**、**仲春《ちゅうしゅん》**などがある。

ねがはくは花のしたにて春死なむそのきさらぎの望月のころ
（西行《さいぎょう》・続古今集）

木の芽月
令月
仲春

弥生《やよい》

旧暦三月の異称。語源は、草木がいよいよ生い茂る意の「弥《い》や生《お》い月」から。他の三月の異称には、**桃月《とうげつ》**、**禊月《けいげつ》**、**暮春《ぼしゅん》**などがある。

弥生ついたち、はつ燕、／海のあなたの静けき国の／便《たより》もてきぬ、うれしき文《ふみ》を。
（ダヌンチオ、上田敏《うえだびん》訳／海潮音）

桃月
禊月
暮春

卯月《うづき》

旧暦四月の異称。語源は、**卯《う》の花月《はなづき》**あるいは**卯木月《うつぎづき》**の略とも、十二支の4番目が卯だからとも。**苗植月《なえうえづき》**が転じたという説もある。他の四月の異称には、**乏月《ぼうげつ》**、**孟夏《もうか》**などがある。

うづききてねぶとに鳴《なけ》や郭公《ほととぎす》（山崎宗鑑《やまざきそうかん》・久流留《くるる》）

卯の花月
卯木月
苗植月
乏月
孟夏

皐月《さつき》

旧暦五月の異称。字は**五月**とも書く。語源は、**早苗月《さなえづき》**の略から。他の五月の異称には、**菖蒲月《しょうぶづき》**、**仲夏《ちゅうか》**などがある。

ああ皐月仏蘭西《フランス》の野は火の色す君も雛罌粟《コクリコ》われも雛罌粟
（与謝野晶子《よさのあきこ》／夏より秋へ）

五月
早苗月
菖蒲月
仲夏

水無月《みなづき》

旧暦六月の異称。語源は、田に水を引く「水の月」からとされる。京都では同名の和菓子をこの月の末日に食べる。他の六月の異称には、**蟬羽月《せみのはづき》**、**鳴神月《なるかみづき》**、**風待月《かぜまちづき》**、**季夏《きか》**などがある。

水無月や伏見の川の水の面（上島鬼貫《うえしまおにつら》／大悟物狂《たいごものぐるい》）

蟬羽月　鳴神月　風待月
季夏

五十日《ごとおび》

毎月の5日、10日、15日、20日、25日、末日のこと。商取引の締め日や支払日、給料日に設定されていることが多い。そのため、道路が渋滞しやすい日とされるが、ネット社会になって緩和されつつある。

小潮《こしお》

一日の潮の干満の差が小さくなる時。月が半月になる旧暦八日（上弦）前後と旧暦二十二日（下弦）前後の数日。

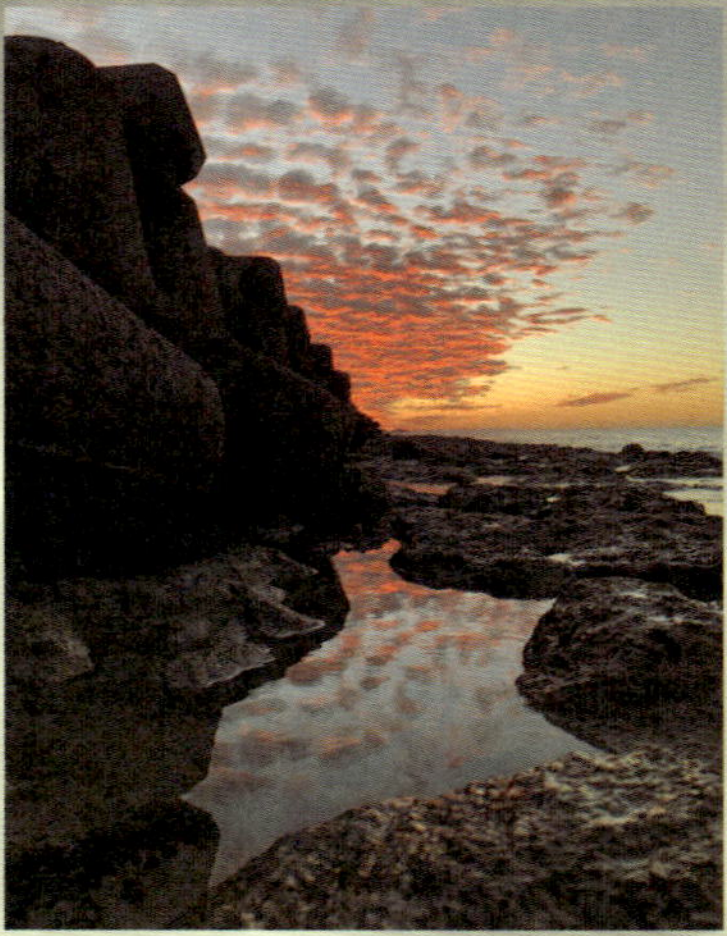

小潮

一六日《いちろくび》

各月の日付の下一桁が1と6の日。つまり、1日、6日、11日、16日、21日、26日のこと。五十日《ごとおび》の翌日に当たる。1876年（明治9年）に日曜日が導入されるまでは、この一六日が日本人の休日であった。

文月《ふみづき・ふづき》

旧暦七月の異称。語源は、七夕の短冊に字を書いた「文《ふみ》披《ひら》き月」からとも、稲の穂が膨らむ「含《ふふ》み月」からとも。他の七月の異称には、**七夜月**《ななよづき》、**愛逢月**《めであいづき》、**蘭月**《らんげつ》、**孟秋**《もうしゅう》などがある。

文月や六日も常の夜《よ》には似ず（松尾芭蕉／おくのほそ道）

七夜月
愛逢月
蘭月
孟秋

葉月《はづき》

旧暦八月の異称。語源は、「葉落ち月」からとも、稲の穂が張る「穂張り月」からとも。他の八月の異称には、**女郎花月**《おみなえしづき》、**雁来月**《かりくづき》、**桂月**《けいげつ》、**仲秋**《ちゅうしゅう》などがある。

聞きわびぬはつき長月ながき夜の月のよさむに衣打つ声（後《ご》醍醐《だいご》天皇・新葉集）

女郎花月
雁来月
桂月
仲秋

長月《ながつき》

旧暦九月の異称。**夜長月**《よながづき》の略との説がある。他の九月の異称には、**菊月**《きくづき》、**玄月**《げんげつ》、**季秋**《きしゅう》などがある。

今こむといひしばかりに長月の有明の月を
待ちいでつるかな（素性《そせい》・古今集）

夜長月
菊月
玄月
季秋

神無月《かんなづき》

旧暦十月の異称。語源は、神祭りをする「神の月」から。この月は各地の神々が出雲に集まるため神がいなくなる月、とするのは俗解。他の十月の異称には、**時雨月**《しぐれづき》、**神去月**《かみさりづき》、**陽月**《ようげつ》、**孟冬**《もうとう》などがある。

禅寺の松の落葉や神無月（野沢凡兆《のざわぼんちょう》・猿蓑）

時雨月
神去月
陽月
孟冬

霜月《しもつき》

旧暦十一月の異称。**霜降月**《しもふりづき》の略。他の十一月の異称には、**神楽月**《かぐらづき》、**暢月**《ちょうげつ》、**仲冬**《ちゅうとう》などがある。

霜月や鸛《こう》の彳々《つくづく》ならびゐて（山本荷兮《やまもとかけい》・冬の日）

霜降月
神楽月
暢月
仲冬

師走《しわす》

旧暦十二月の異称。語源は、僧が経をあげるためにあちこち馳せ回るからとの俗説があるが、未詳。四季が果てる月の意の「四極《しはつ》」との説も。他の十二月の異称には、**限《かぎ》りの月《つき》**、**臘月**《ろうげつ》、**極月**《ごくげつ》、**季冬**《きとう》などがある。

師走の夜のつめたい寝床が一つあるきり（尾崎放哉《おざきほうさい》）

限りの月
臘月
極月
季冬

今日《きょう》

今生きているその日のこと。旧仮名遣いでは「けふ」で、「此日《こひ》」から転じた。
改まった表現をする時には、**本日**《ほんじつ》という。
今日《こんにち》と読む場合は、ここ最近、あるいは、今の時代といった意で使うことが多い。挨拶の「こんにちは」は、「今日《こんにち》はいいお天気ですね」等の略。

本日
こんにち

昨日《きのう》

今日の前の日のこと。**昨日**《さくじつ》。「先《さき》の日」「過《すぎ》の日」が転じたとする説がある。
かつては近い過去を指しても使われ、**昨日今日**《きのうきょう》は、最近とか近頃の意。

さくじつ
昨日今日

一昨日《おととい・おとつい》

昨日の前の日のこと。**一昨日**《いっさくじつ》。「遠《をち》つ日」が転じたとされる。時代劇などで聞く「おととい来やがれ」は、二度と来るなの意。
一昨日の前の日は、**一昨昨日**《さきおととい》。

いっさくじつ
一昨昨日

明日《あす》

今日の次の日のこと。漢語的には**明日**《みょうにち》、口語的には**明日**《あした》と読む。「あす」は近い将来を示す際にも使われる。
「あした」は古語では本来、夜の一番最後の時間帯で、明くる朝の意味であったが、次第に明くる日一日を指すようになった。

みょうにち
あした

明後日《あさって》

明日の次の日のこと。**明後日**《みょうごにち》。「明日去りて」が「あすさて」「あさて」と転じたのが語源。
明後日の次の日は**明明後日**《しあさって》。明明後日の次の日は**弥**《や》**の明後日**《あさって》だが、関西では**五明後日**《ごあさって》ともいう。

みょうごにち
明明後日
弥の明後日
五明後日

中旬《ちゅうじゅん》

その月の11日から20日頃までの約10日間のこと。

15日前後のことは、**月中《つきなか》**、あるいは**月半《つきなか》ば**という。

月中
月半ば

長潮《ながしお》

小潮の末期で、一日の潮の干満の差がひと月でもっとも小さくなる時。潮の変化が緩やかで潮位が長く変わらないように見える。旧暦十日と二十五日に当たる。

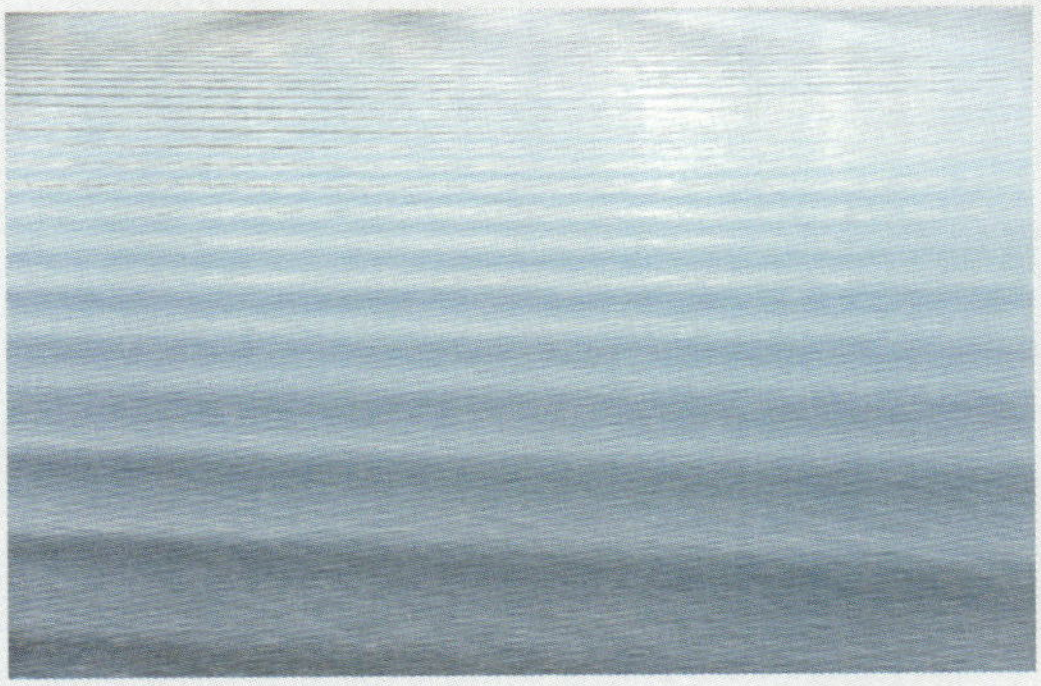

長潮

十日夜《とおかんや》

旧暦十月十日の夜をいう。東日本ではこの日に田の神が山へ帰るとされていて、祭りを執り行う。西日本では旧暦十月の亥の日に行い、**亥の子《いこ》**と呼ばれる。

亥の子

若潮《わかしお》

長潮から再び大潮に向けて干満の差が大きくなり始める時。「潮が若返る」ことから。長潮の翌日。

元旦に海で汲んで神に捧《ささ》げる潮水のこともいう。

当日《とうじつ》

過去や未来で何かが起こったり、行われたりするその日のこと。その前の日は**前日**《ぜんじつ》。1日後は**翌日**《よくじつ》、または**明**《あ》**くる日**《ひ》。

前日
翌日
明くる日

一両日《いちりょうじつ》

1日か2日。本来はその日を含んで、**今日**《きょう》**明日**《あす》のこと。が、あえて曖昧《あいまい》に用い、その日を含まずに**明日**《あす》**明後日**《あさって》の意を相手に汲ませることもある。

今日明日
明日明後日

過日《かじつ》

過ぎ去った日のことだが、一般的には数日前を指す。類語には、改まったものに**先般**《せんぱん》、**先頃**《さきごろ》、くだけたものに**先日**《せんじつ》、**この間**《あいだ》などがある。

先般　先頃
先日　この間

最近《さいきん》

少し以前から今までの短い期間を指す。類語に**近頃**《ちかごろ》、**この頃**《ごろ》、**このところ**、**このほど**、**昨今**《さっこん》などがある。短い期間とはいえ、その実際の長さは、話の文脈によって数日から数年にまで及ぶ。

近頃　この頃　このところ
このほど　昨今

近日《きんじつ》

近い将来のある日のこと。それより少し先は**後日**《ごじつ》。別の日に、の意でも使われ、その類語には、**またの日**《ひ》、**他日**《たじつ》、**余日**《よじつ》などがある。

後日　またの日
他日　余日

日常《にちじょう》

同じようなことを繰り返しているありふれた日々。見方、考え方によって、退屈だったり、気が滅入るものにもなれば、一方でかけがえのないものにもなる。
類語に**日頃**《ひごろ》、**常日頃**《つねひごろ》、**普段**《ふだん》、**平素**《へいそ》など。

日頃
常日頃
普段
平素

晴れの日

晴れの日《はれのひ》

生活の折り目、節目になり、儀式や行事が行われる非日常的な特別な日。一方、これに対する日常は、**褻**《け》**の日**《ひ》。
「ハレとケ」は柳田國男《やなぎたくにお》によって提唱された民俗学用語で、そのメリハリをつけて暮らすことが日本人の時間観の特徴としている。

褻の日

十三夜《じゅうさんや》

旧暦で各月の十三日の夜のこと。また特に旧暦九月十三日の豆名月、栗名月の夜を指すことも。沖縄の八重山地方では、月がもっとも美しい夜として歌に伝えている。
月ぬ美《かい》しゃ十日《とうか》三日《みっか》　美童《みやらび》美しゃ十七《とおなな》つ　（月ぬ美しゃ・八重山民謡）

待宵《まつよい》

来るはずの恋人を待っている夜。また翌日の名月が待ち遠しく思う、旧暦八月十四日の夜のこと。

待つ宵にふけ行くかねのこゑきけばあかぬわかれの鳥はものかは（小侍従《こじじゅう》・新古今集）

旧暦の各月十三日や十四日の夜のことは、「もう幾《ほとん》ど望（満月）」の意で、**幾望《きぼう》**ともいう。次の日から欠ける満月より、14番目の月が良いと思う人は、昔から多かったようだ。

幾望

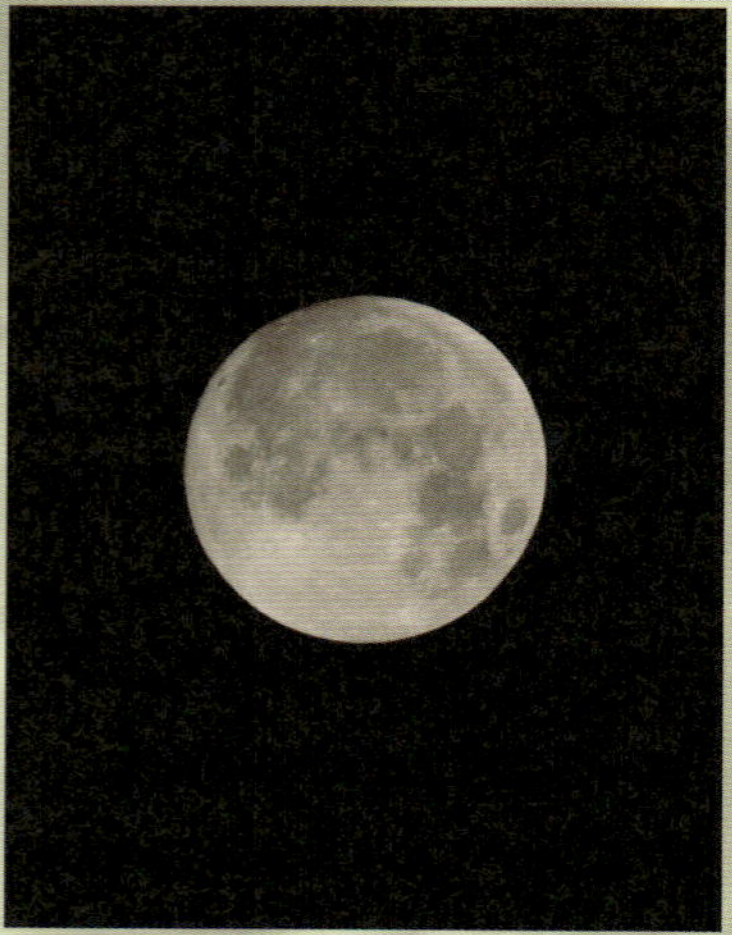

十五夜

十五夜《じゅうごや》

旧暦の各月十五日の満月の夜のこと。**三五《さんご》**、**三五夜《さんごや》**とも。現代では特に旧暦八月十五日の芋名月の夜を指すことが多い。

十五夜の豪雨しぶくや荒ひ鯉（渡辺《わたなべ》水巴《すいは》／白日）

望《ぼう》は、地球が太陽と月の間にあって直線に並ぶ時のことで、やはり旧暦の各月十五日の満月の夜の意となる。**望の日《もちのひ》**とも呼ばれる。

三五
三五夜
望
望の日

月夜《つきよ》

月が照って明るい夜。月の美しい夜。

月夜の晩に、ボタンが一つ／波打際に、落ちてゐた。（中《なか》原中也《はらちゅうや》／在りし日の歌　月夜の浜辺）

良夜《りょうや》も月夜のことだが、特に旧暦八月十五日と旧暦九月十三日の名月の夜をいう。

ちなみに春などの月がおぼろに霞んだ夜は、**朧月夜**《おぼろづきよ》、または**朧夜**《おぼろよ》と呼ぶ。

良夜　朧月夜　朧夜

十六夜《いざよい》

旧暦の各月十六日の夜。「猶予《いざよ》う」とは、ためらうこと。この夜の月は、十五夜よりも50分ほど遅く、まるでためらうかのように上ってくるから。

「既に望（満月）は過ぎた」の意で、**既望**《きぼう》ともいう。

ゆくりなくあくがれ出《い》でしいさよひの月やおくれぬかたみなるべき（阿仏尼《あぶつに》／十六夜日記）

既望

十六夜

十七夜《じゅうしちや》

旧暦の各月十七日の夜。つまり立待月《たちまちづき》の夜。立待月は日没後、立って待っているうちに上ってくる月だから。特に旧暦八月十七日を指すことも。

一時《いちじ》

ごく短い時間を表すほか、その場限り、あるいは、同時の意もある。

また過去のある時期を指しても使うが、その場合は感覚的には短くとも、実際にはかなり長い期間のこともある。**ひと頃《ころ》**は一時よりも長いニュアンス。

ひと頃

一刻

一時《いっとき》

一時《いちじ》と漢字では同じ表記になる一時《いっとき》、**一時《ひととき》**、**一時《いちどき》**も、一時《いちじ》と同義だが、文脈、状況、用途に応じて繊細に使い分ける。

ごく短い時間の意の一時《いっとき》は、元々は近世以前の時間単位の2時間がメドだったが、今は現代の時間単位による1時間前後の感覚がある。

「ああかかる日のかかるひととき」／いつ用意したとも知れないそんな言葉が、ひらひらとひらめいた。（梶《かじ》井《い》基《もと》次郎《じろう》／城のある町にて）

ひととき　いちどき

片時 かたとき

一時《いっとき》の半分の時間。**半時**《はんとき》。本来は1時間がメドだが、現代的には半時は30分といったところか。いずれにせよ、転じてほんの少しの時間、**暫時**《ざんじ》を表す。

半時
暫時

一刻 いっこく・いっとき

ほんのわずかな時間の意。本来は近世までの一時《いっとき》の4分の1で、30分のこと。現代人にはそれよりかなり短い時間を指すように感じられるが、それだけ我々の日常が気ぜわしくなっているのだろう。

一刻より短い時間は、**寸時**《すんじ》、**寸刻**《すんこく》など。

一刻といえども、むだには出来ない。陽は既に西に傾きかけている。（太宰治《だざいおさむ》／走れメロス）

寸時
寸刻

折 おり

何かを行ったり、節目となる時。類語に**節**《せつ》、**度**《たび》、**期**《ご》、**際**《さい》、**段**《だん》、**砌**《みぎり》などがある。堅い挨拶や手紙文などに残る。

それらより少しだけ時間の幅を感じさせるのが、**頃**《ころ》、**時分**《じぶん》、**程**《ほど》、**方**《がた》など。

節　度　期
際　段　砌
頃　時分
程　方

先刻 せんこく

さっき、少し前の改まった表現。他に**先**《さき》**ほど**、**今**《いま》**し方**《がた》など。先刻には、「先刻ご承知のように」など、以前からすでに、の意もある。

先ほど
今し方

時期 じき

何かを行ったり、節目となる時や時分、季節などを示すのに一般的に使われる言葉。

ある時期からある時期までの間の定められた時間を**期間**《きかん》という。

期間

下旬《げじゅん》

その月の21日から月末までの約10日間のこと。

二十三夜《にじゅうさんや》

旧暦の各月二十三日の夜。この夜に月を待つと願い事が叶うとする「二十三夜待ち」の信仰があった。月の出は午前0時頃。

一週間《いっしゅうかん》

7日間を単位とした時間の表現方法。または日曜日から土曜日までの7日間。月曜日に始まり日曜日まで、とする国や捉え方もある。その概念は古代バビロニアで生まれ、ギリシアやエジプト、ユダヤ教徒やキリスト教徒に伝わったとするなど、諸説ある。キリスト教では神が6日で世界を作り、7日目に休息したとする。

ロシア民謡の「一週間」を邦訳した唱歌では、市場で糸と麻を買ってきて、風呂を沸かして入って、友だちと会い、そして見送り、あとは仕事もせず、おしゃべりしているうちに終わってしまう。

曜日《ようび》

太陽と月と火星、水星、木星、金星、土星の7つの天体＝七曜が、それぞれ守護するとされている一週間の各日。日本でもこの考えから日曜日、月曜日、火曜日、水曜日、木曜日、金曜日、土曜日の名を冠しており、その総称も**七曜**《しちよう》と呼ぶ。

日本に曜日としての七曜が伝わったのは平安時代初頭だが、実生活ではあまり使われず、浸透したのは明治時代にグレゴリオ暦になってから。

—七曜

休日《きゅうじつ》

学校や職場などで前もって定めている、授業や業務を休む日。

休暇《きゅうか》は、学校や職場で認められている、休日以外に授業や業務を休んでよい日。

最近は休日、非番、短めの休暇などを**オフ**と呼ぶことも多い。

休暇
オフ

祭日《さいじつ》

祭祀や祭典を執り行う日。

戦前は皇室の大祭を行う日を休日とし、「国民の祭日」としていた。日本国憲法下では廃止されたが、今も「国民の祝日」の俗称として使われることが多い。

平日《へいじつ》

日曜日と祝日以外の日。しかし近年は、土曜日、日曜日、祝日以外の日を意味することが多い。**ウィークデー**（weekday）。

ウィークデー

休日

祝日《しゅくじつ》

お祝いの日。何かを記念して祝う日。またそれによる休日。

「国民の祝日」は、日本の法律で休日と定められた祝日。前後が国民の祝日に当たる平日は、「国民の休日」となる。

ホリデー holiday

英語で祝日、祭日、休暇のこと。通常の休日は**デイオフ**（day off）。アメリカでは長めの休暇のことは**バケーション**（vacation）と呼ぶ。

同じく長期休暇を意味する言葉の**バカンス**（vacances）はフランス語。フランスでは5週間の連続休暇が認められている。

デイオフ
バケーション
バカンス

月曜日《げつようび》

日曜日の次の日。月（Moon）が守護するとされる曜日。英語の Monday も月から。ラテン語系もフランス語の Lundi をはじめ、月（フランス語でlune）に因む。中国語では星期一。

多くの人にとって休み明けになり、気分が憂鬱《ゆううつ》になることから、**ブルーマンデー**（blue Monday）の言葉もある。

理容店、銭湯、博物館、図書館などは月曜日休みが多い。また日曜日が国民の祝日に当たる場合は**振替休日**《ふりかえきゅうじつ》となる。

ブルーマンデー
振替休日

火曜日《かようび》

月曜日の次の日。火星（Mars）が守護するとされる曜日。ラテン諸語もフランス語の Mardi をはじめ、火星に因む。火星はローマ神話の軍神マルスと結びつけられているが、英語の Tuesday も北欧神話でやはり軍神とされるテュール（英語でTyr）に由来する。中国語では星期二。

美容院は火曜日休みが多い。またアメリカでは選挙の投票日となり、大統領選挙の行方を占う予備選挙の集中日を**スーパーチューズデー**（Super Tuesday）と呼ぶ。

スーパーチューズデー

水曜日《すいようび》

火曜日の次の日。水星（Mercury）が守護するとされる曜日。ローマ暦では商人や旅人の守護神メルクリウスに因み、**メルクリウスの日**《ひ》と呼ばれていた。フランス語の Mercredi もこれに基づく。水星の西洋諸語の名もこの神の名から。ゲルマン諸語では北欧神話の主神オーディン（英語で Woden）に因み、**オーディンの日**《ひ》と呼ばれ、英語の Wednesday もその意。ドイツ語の Mittwoch は週の真ん中のこと。中国語では星期三。

水族館やプールなどの水に関係する施設は、かつては水曜日を休みにするところが多かった。

メルクリウスの日　オーディンの日

木曜日《もくようび》

水曜日の次の日。木星（Jupiter）が守護するとされる曜日。ラテン語系もフランス語の Jeudi をはじめ、木星に因む。木星はローマ神話の天空神・雷神ユピテルと結びつけられているが、英語の Thursday も北欧神話でやはり雷神とされるトール（英語で Thor）に由来する。中国語では星期四。

休憩《きゅうけい》

仕事、運動などを一時的に停止して、ひと息つくこと。**小休止**《しょうきゅうし》。その間にお茶や煙草を飲んだことから**一服**《いっぷく》とも。英語では**ブレイク**（break）。

小休止　一服　ブレイク

休息《きゅうそく》

仕事、運動などの活動を停止して、心身の回復を待つ時間。休憩より長く、活動途中だけでなく、活動終了後にも使う言葉。類語に**憩**《いこ》**い**、**骨休**《ほねやす》**め**など。

憩い　骨休め

暇

暇《ひま》

仕事のない時間。自分の自由になる時間。何かをするのにかかる時間。継続した作業中の隙間の時間。休暇や**余暇**《よか》。**暇**《いとま》と読む時は、休みの意。そこから転じて、退去、離別、辞職、解雇、離縁などの婉曲的表現にも用いる。ほんのわずかな暇は、**寸暇**《すんか》。

ももしきの大宮人《おおみやびと》は暇《いとま》あれや梅をかざしてここに集へる（作者未詳・万葉集）

余暇　いとま　寸暇

金曜日《きんようび》

木曜日の次の日。金星（Venus）が守護するとされる曜日。ラテン語系ではローマ神話の愛と美の女神ウェヌス（ヴィーナス）に因み、**ウェヌスの日《ひ》**と呼ばれる。フランス語の Vendredi も同様。金星の西洋諸語の名もこの女神の名から。英語の Friday は北欧神話における女神フリッグ（Frigg）に因む**フリッグの日《ひ》**、あるいは女神フレイヤ（Freya）に因む**フレイヤの日《ひ》**の意とされる。中国語では星期五。

イスラム圏では集団礼拝が行われ、休日としていることが多い。

アメリカなどでは、キリストが磔刑《たっけい》にされた日という俗説から、**13日《にち》の金曜日《きんようび》**を不吉な日とする迷信がある。

ウェヌスの日　フリッグの日
フレイヤの日　13日の金曜日

土曜日《どようび》

金曜日の次の日。土星（Saturn）が守護するとされる曜日。英語の Saturday は、ローマ神話の農耕神サートゥルヌス（サターン）に因み、土星の名もこの神の名から。イタリア語の Sabato、フランス語の Samedi などはヘブライ語の安息日「シャバット」に由来する。中国語では星期六。

ユダヤ教では安息日である。

週末

日曜日《にちようび》

土曜日の次の日。太陽（Sun）が守護するとされる曜日。英語の Sunday をはじめ、ドイツ語、オランダ語でも太陽に由来する曜日名になっている。中国語でも星期日、あるいは星期天という。イタリア語の Domenica、スペイン語やポルトガル語の Domingo、フランス語の Dimanche などカトリック系の国々の日曜日は、**主日《しゅじつ》**の意。

主日とは、キリスト教でイエスの復活の日をいい、日曜日に当たる。日曜日が休日とされるのも、キリスト教徒が主日に教会で礼拝をしていたことを受け、ローマ皇帝コンスタンティヌス1世が休日と定め、休業を命じたのが始まり。

主日

安息日《あんそくび・あんそくにち》

仕事や活動をしないで休息し、神に祈りを捧げる日のこと。ユダヤ教では土曜日に当たる。正確には金曜日の日没から土曜日の日没まで。旧約聖書で神が天地創造の仕事を6日間続け、7日目の土曜日に休んだとすることに因む。十戒にも定められた大切な日。キリスト教ではイエスが復活した日曜日、イスラム教ではムハンマドがメッカを脱出した金曜日を安息日とする。

月末《げつまつ・つきずえ》

その月の最後の数日間。もしくは月の最終日。

半ドン《はんドン》

日本では週休二日制が定着する以前は、土曜日の午前中は平日扱いで、午後からが休日だった。これを半ドンと呼んだ。語源としては、オランダ語のZondag（日曜日）が訛《なま》ってドンタクとなり、休日を指すようになったなどの説がある。

週末《しゅうまつ》

週の終わり。土曜日と日曜日。時に金曜日も含む。多くの人にとってオフを意味するため、甘美な響きを持つ言葉。**ウィークエンド**（weekend）。一週間の始まりを日曜日としていても、週末という時には必ず日曜日が入る。

ウィークエンド

休み《やすみ》

休憩や休息、休日や休暇などの時間。また睡眠の時間。人が活動するために何よりも必要で、もっとも欲している時間。

晦日《みそか》

その月の30日目のこと。**三十日**《みそか》とも書く。転じて、その月の最終日を指す。類語には**末日**《まつじつ》、**尽日**《じんじつ》など。ツケ払いなどの支払日に設定されることが多い。

一年に十二回ある晦日という奴も気に入らないが、十二月という最後の月は月全体が性にあわない。（坂口《さかぐち》安吾《あんご》／明治開化　安吾捕物帖）

旧暦では**晦**《つごもり》と呼んだ。「つごもり」の読みは、月が姿を隠してしまう「月隠《つきごも》り」からの音便。

三十日
末日　尽日
晦

III 年の章

元旦

元旦《がんたん》

本来は1月1日の朝、つまり**元日**《がんじつ》の朝のこと。**元朝**《がんちょう》とも。現在は元日の意で使われることも多い。

元日　元朝

正月《しょうがつ》

一年の最初の月である一月のこと。あるいは、そのうちのお祝い気分のある期間をいう。古くは15日まで、一般には7日までだが、最近は3日までを指す印象があり、次第に短くなってきている。

新年《しんねん》

新しい年のこと。また、その始まりの正月の意。本来は1月1日の夜明け以降だが、近年は午前0時の時点から新年とみなされる。新年を迎えた瞬間、それまでの時間は、**旧年**《きゅうねん》、**昨年**《さくねん》、**去年**《きょねん》と呼ばれ、一方でさきほどまで**来年**《らいねん》、**明年**《みょうねん》と呼んでいたものが、**今年**《ことし》、**本年**《ほんねん》へと変わる。

旧年　昨年　去年
来年　明年　今年　本年

新玉《あらたま》

古語で新年、正月のこと。**荒玉**とも書く。「新玉の」は、年、月、日、春などにかかる枕詞《まくらことば》。

あらたまの年反《かへ》るまで相見《あひ》ねば心もしのに思ほゆるかも（大伴家持・万葉集）

荒玉

三箇日《さんがにち》

元日からの3日間。多くの役所、会社が休みとするため、家族団らんや親戚回り、友人との交遊、旅行などで過ごされる。

三箇日を含む正月最初の数日を**年始**《ねんし》、**年頭**《ねんとう》、**年初**《ねんしょ》という。

年始　年頭　年初

右上／三箇日、右下／小正月、左上／春節、左下／バレンタインデー

松の内《まつのうち》

正月の松飾りのある間。一般には元日から7日まで。1月7日は五節句の一つで、**人日**《じんじつ》あるいは**七種**《ななくさ》と呼ばれ、朝に七種粥《がゆ》を食べる風習がある。

人日　七種

小正月《こしょうがつ》

正月15日、またはその前後のこと。この日は小豆粥を食べる風習があった。かつて元服の儀式を小正月に行っていたことから、戦後は1月15日を**成人**《せいじん》**の日**《ひ》としていた（現在は1月第2月曜日）。

成人の日

春節《しゅんせつ》

中華圏における旧暦一月一日、**旧正月**《きゅうしょうがつ》のこと。一年でもっとも大事な祝祭日であり、長期休暇となる。旧正月は沖縄でも、新暦の正月「新正《しんしょう》」に対して「旧正《きゅうしょう》」と呼ばれ、この日に正月を祝う地域がある。

旧正月

建国記念の日《けんこくきねんのひ》

2月11日の国民の祝日。初代天皇である神武《じんむ》天皇の即位日とされた、戦前までの**紀元節**《きげんせつ》の名残。

紀元節

バレンタインデー St. Valentine's day

兵士の婚姻を禁じたローマ皇帝の命に反し、兵士の結婚式を執り行って殉教した聖ウァレンティヌスの記念日で、2月14日。恋人たちの愛の誓いの日とされ、贈り物や手紙を交換する。女性から男性にチョコレートを贈るのも、その返礼をする**ホワイトデー**（White day）も、日本独自の慣習。

ホワイトデー

新春《しんしゅん》

新年を寿《ことほ》いで呼ぶ語。**初春**《はつはる》。
本来は旧暦の季節観に基づく。

初春

早春《そうしゅん》

春《はる》の始め頃。立春を過ぎたが、まだ寒い頃合い。あるいは、冬の寒さではあるが、どこか春めいて感じる頃合い。類語に**春先**《はるさき》、**初春**《しょしゅん》、**浅春**《せんしゅん》など。

春　春先　初春　浅春

右／光の春、左／雛祭り

元宵節 げんしょうせつ

中華圏における旧暦一月十五日、旧暦最初の満月の日で、日本の小正月に当たる。提灯《ちょうちん》を飾ったり、湯圓《タンユェン》という団子を食べる習慣がある。沖縄では旧暦一月十六日を後生《グソー》（あの世）の正月とし、**十六日祭**《ジュウルクニチー》と呼ぶ。

十六日祭

光の春 ひかりのはる

寒さは厳しいものの、日射しの明るさや、日脚の伸びに春の訪れを感じる早春の時期。もともとはロシアから来た言葉。高緯度の地方ほど1日ごとの日照時間の伸びが速いので、まず太陽の光に春を感じることに由来する。

雛祭り ひなまつり

五節句の一つ、3月3日の**上巳**《じょうし》の節句に行われる行事。女児の健やかな成長を願って雛人形を飾り、菱餅、白酒、ちらし寿司などで祝う。**桃**《もも》**の節句**《せっく》とも。沖縄では一年でもっとも干満の差が大きい旧暦三月三日に、女性が海水に手足を浸して健康を祈願する**浜**《はま》**下**《う》**り**が行われる。

上巳　桃の節句　浜下り

カーニバル carnival

カトリックで40日間の**四旬節**《しじゅんせつ》という斎戒期に入る前に、1週間程度行われる祝祭。**謝肉祭**《しゃにくさい》。仮面で仮装したり、パレードで踊り続けたり、歓楽的要素が濃い。最終日の火曜日（四旬節の前日）は**マルディグラ**（Mardi Gras）、**パンケーキデー**（Pancake Day）などと呼ばれ、ケーキやパンケーキを食べる風習もある。

類《たぐい》を絶したカーニバルの狂気が、全島を覆い始めました。花園に咲く裸女の花、湯の池に乱れる人魚の群、（江戸川乱歩《えどがわらんぽ》／パノラマ島綺譚《きだん》）

四旬節　謝肉祭　マルディグラ　パンケーキデー

右／木の芽時、左上／うりずん、左下／花朝月夕

木の芽時 きのめどき・このめどき

木々の新芽が萌えいずる早春の頃。と同時に、季節や年度の変わり目で、花粉症の時期にも当たるため、心身が不調で気の滅入る人が多い時期でもある。

うりずん

若夏

沖縄で3月から4月にかけての春から初夏に当たる時期。「潤い浸《し》む」が原意とされ、大地が雨で潤い、万物が瑞々しく育まれる季節。初夏は**若夏**《わかなつ》とも。

波なぎしこの平らぎの礎《いしずゑ》と君らしづもる若夏《うりずん》の島（美智子《みちこ》上皇后）

花朝月夕 かちょうげっせき

春と秋の一年でもっとも気候のよい時期をいう。中国では旧暦二月十五日を花朝、八月十五日を月夕と呼び、これを合わせた言葉。

お水取り おみずとり

奈良の東大寺二月堂で行われる修二会《しゅにえ》行事の一つ。3月12日夜に堂の欄干を11本のお松明《たいまつ》が駆け、13日未明に堂下の若狭井《わかさい》でお香水《こうずい》を汲むクライマックスを迎える。関西に春を告げる行事。

年度末 ねんどまつ

新年度　年度初め

事務・会計上における一年の終わりの区切り。一般には学校や行政機関の年度末に当たる3月末を指す。公務員や会社員の異動も多く、現代では師走以上に慌ただしい時期。

4月1日からを**新年度**《しんねんど》、**年度**《ねんど》**初**《はじ》**め**とするのは、ほぼ日本独自の制度。海外では会計新年度は新年と同じ、学校新年度は9月からの国が多い。

陽春

エイプリルフール April Fool's Day

4月1日は嘘をついても許される日として、こう呼ばれる。直訳で**四月馬鹿**《しがつばか》。起源未詳。真っ当なフェイクニュースが世界中を駆け巡る日。

四月馬鹿

過越祭 すぎこしのまつり

春分直後の満月の日に行われるユダヤ教のもっとも重要な祭りの一つ。モーセによる出エジプト（エクソダス）を記念するもので、神がエジプト中の初子を殺す際、門口に子羊の血を塗ったユダヤ人の家は過ぎ越したことに因む。

花見 はなみ

桜が満開の頃、桜花の下に集って酒宴を開く日本独自の春の祝い。

骸骨の上を粧《よそ》ひて花見哉《かな》（上島鬼貫／仏兄七久留万《さとえななくるま》）

花祭り《はなまつり》は4月8日の釈迦の誕生日を祝う仏教行事・**灌仏会**《かんぶつえ》の俗称。新暦になって桜の季節と重なることから、この名が定着した。

花祭り　灌仏会

陽春 ようしゅん

春の盛りの頃。桜の花も散り、春の終わりを感じる頃は**晩春**《ばんしゅん》。**行**《ゆ》**く春**《はる》とも。

行《ゆ》く春や逡巡《しゅんじゅん》として遅桜（与謝蕪村／蕪村句集）

晩春　行く春

イースター Easter

十字架上で息絶えたイエスが3日後に復活したことを記念する、キリスト教でもっとも重要な祭り。**復活祭**《ふっかつさい》。春分後の最初の満月の次の日曜日に行われる**移動祝祭日**《いどうしゅくさいじつ》。イースターエッグという彩色された卵を飾って祝う。

復活祭　移動祝祭日

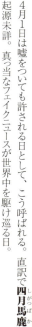

端午

ゴールデンウィーク golden week

4月末から5月初めの**昭和《しょうわ》の日《ひ》**、**憲法記念日《けんぽうきねんび》**、**みどりの日《ひ》**、こどもの日を含めた休日が続きやすい期間。元は映画業界が宣伝に用いた和製英語。これに対し、9月の大型連休は**シルバーウィーク**（silver week）と呼ばれる。

昭和の日　憲法記念日　みどりの日　シルバーウィーク

メーデー May Day

5月1日の労働者の祭り。世界各国でデモ行進などが行われる。

端午《たんご》

五節句の一つで、5月5日。男児の健やかな成長を願って甲冑《かっちゅう》や鯉のぼりを飾り、柏餅や粽《ちまき》を食べて祝う。戦後は**こどもの日《ひ》**として国民の祝日に。

こどもの日

麦秋《ばくしゅう》

初夏のこと。麦の刈り入れ時に当たり、麦の穂が秋の稲穂のように黄金色になることから。**麦《むぎ》の秋《あき》**。小津安二郎《おづやすじろう》監督の映画のタイトルとしても知られる。小津作品には『晩春』『早春』『秋日和』『秋刀魚《さんま》の味』など、季節感を伴うタイトルが多い。

麦の秋

母の日《ははのひ》

母親の労苦をねぎらい、感謝の気持ちを表す日。日本では5月の第2日曜日とされている。存命中は赤、没後は白のカーネーションを贈る。これに倣い、父親に感謝する**父《ちち》の日《ひ》**も6月の第3日曜日に設定されたが、父の家事や育児への参画がまだまだ足りないためか、母の日ほど注目されない。

父の日

初夏《しょか》

夏《なつ》の始まりの頃。

ブラウスの中まで明かるき初夏の日にけぶれるごときわが乳房あり（河野《かわの》裕子《ゆうこ》）
／森のやうに獣のやうに）

暑さの盛りは、**盛夏**《せいか》、**真夏**《まなつ》、また極暑の期間を**三伏**《さんぷく》という。夏の終わり頃は**晩夏**《ばんか》。

夏　盛夏　真夏　三伏　晩夏

サマータイム summer time

夏期に標準時を1時間など繰り上げて設定する時刻のこと。**夏時間**《なつじかん》。緯度が高く夏の日照時間の長い、欧米諸国で導入されている。米国では daylight saving time、略してDSTと呼ぶ。日本でもたびたび導入が議論されるが、欧州などでは廃止に向かっている。

夏時間

右上／旬、右下／雨季、左上／梅雨、左下／夏越し

旬《しゅん》

時季

魚介、青果などで、その食品が多く市場に出て、味ももっとも良いとされる**時季**《じき》。現代の大量消費社会では年中出回るものが増え、失われつつあるか、もしくは商業的に前倒しで利用される傾向がある。

昔は旬のきゅうりという一つのものであったが、今日では促成野菜というものができて、きゅうりもなすも二種類になっているわけである。（北大路魯山人《きたおおじろさんじん》／魯山人の美食手帖　胡瓜）

酣《たけなわ》

盛期　ピーク時　真っ最中　闌

物事の一番盛んな時期。**盛期**《せいき》、**ピーク時**《じ》。何かをしている**真**《ま》**っ最中**《さいちゅう》。**闌**とも書く。

衣替え《ころもがえ》

更衣

季節の変化に合わせて、着る衣服やその収納を替えること。またその期間。平安時代は旧暦四月一日と十月一日に行われ、**更衣**《こうい》と呼ばれた。現代は学校や企業の制服に関して使うことが多く、冬服から夏服へは6月1日、夏服から冬服へは10月1日に替えるのが一般的。

梅雨《つゆ・ばいう》

雨季　黴雨　五月雨　小満芒種

6月初めから7月中旬にかけておとずれる日本の**雨季**《うき》。語源は梅の実の熟す頃に当たるため。黴《かび》が生えやすいことから**黴雨**《ばいう》とも書く。古語では**五月雨**《さみだれ》。沖縄では本土より約ひと月早く、二十四節気の小満《しょうまん》と芒種《ぼうしゅ》の時期になるため、**小満芒種**《スーマンボースー》と呼ばれる。

梅雨のうちに、花という花はたいていちってしまって、雨が上がると、いよいよ輝かしい夏が来るのであります。（小川未明《おがわみめい》／海ほおずき）

右／七夕、左上／夏日、左下／熱帯夜

夏越し《なごし》

6月末日に行われる大祓《おおはらえ》の神事。夏越しの祓《はらえ》の略。神社の参道に設けられた茅《ち》の輪をくぐるなどして穢《けが》れを除く。

七夕《たなばた》

棚機

五節句の一つで、7月7日に行われる技芸の上達を願う行事。**棚機**とも書く。笹竹を飾り、その笹の葉に願い事や詩歌を書いた短冊を吊るす。伝説では、天の川を挟んだ織り姫と彦星が、年に一度再会する夜とされる。

一年《ひととせ》に七日《なぬか》の夜のみ逢ふ人の恋も過ぎねば夜は更けゆくも（柿本人麻呂《かきのもとのひとまろ》・万葉集）

夏日《なつび》

真夏日　猛暑日

気象庁では、一日の最高気温が25℃以上の日を夏日、30℃以上の日を**真夏日**《まなつび》と定義している。しかし近年は最高気温が35℃以上の日が急増したことから、2007年よりこれを**猛暑日**《もうしょび》と呼んでいる。

熱帯夜《ねったいや》

超熱帯夜　灼熱夜

気象庁では、夜間の最低気温が25℃以上の日を熱帯夜と定義する。報道では一日の最低気温が25℃以上の日。最近は最低気温が30℃以上の夜もあり、公式の用語ではないが、**超熱帯夜**《ちょうねったいや》、**灼熱夜**《しゃくねつや》などと表現する気象予報士もいる。

中元《ちゅうげん》

半年間の無事を祝う旧暦七月十五日の節で、盂蘭盆会《うらぼんえ》を行う。お中元は本来はその際のお供え物を指していたが、やがて夏の贈答品の意に転じた。

右／盆、左上／夏休み、左下／初秋

盆《ぼん》

盂蘭盆会　月遅れの盆　旧盆　盆休み

旧暦七月十五日を中心とする数日間に行われる祖先の霊や精霊を祀る行事。仏教用語の**盂蘭盆会**《うらぼんえ》の略。新暦で行う地域もあるが、全国的には**月遅**《つきおく》**れの盆**《ぼん》として、8月15日前後に行うことが多い。また沖縄では現在も旧暦で行い、**旧盆**《きゅうぼん》と呼ばれる。企業も**盆休**《ぼんやす》**み**となることから、帰省ラッシュが起こる。地域によっては盆踊りや灯籠流しなどが行われる。京都の五山送り火や徳島の阿波踊り、長崎の精霊流し、沖縄のエイサーなども盆の行事。

夏休み《なつやすみ》

夏期休暇　冬休み　春休み　海の日　山の日　行く夏

職場や学校などで定められた**夏期休暇**《かききゅうか》。特に学校のものについて言うのが一般的。**冬休**《ふゆやす》**み**、**春休**《はるやす》**み**に較べて格段に長く、7月には**海**《うみ》**の日**《ひ》、8月には**山**《やま》**の日**《ひ》もあり、自然に親しむべき休暇でもある。夏休みは子どもが子どもらしく過ごし、オトナへと成長していくための貴重な時間。夏休みの終わり、手つかずの宿題を不安に思いながら、**行**《ゆ》**く夏**《なつ》を惜しむ気持ちは、どこの国の子どもにとってもサウダージの源泉だ。

初秋《しょしゅう》

秋　秋口　新秋

秋《あき》の始まりの頃。立秋を過ぎたが、まだ暑い頃合い。あるいは、夏の暑さではあるが、どこか秋めいて感じる頃合い。類語に**秋口**《あきぐち》、**新秋**《しんしゅう》など。

八朔《はっさく》

田の実の節句

旧暦八月一日のこと。早稲《わせ》の穂が実る時期で、農家は初穂を恩人らに贈る風習がある。そのため**田**《た》**の実**《み》**の節句**《せっく》ともいい、農家以外の人々も日頃頼みにしている人に贈り物をするようになった。

右上／重陽、右下／体育の日、左／ハロウィン

重陽《ちょうよう》

菊の節句　敬老の日

五節句の一つで、陽の数字の極みの9が重なることから9月9日のこと。旧暦では菊の花の時期に当たるため、**菊の節句**《きくのせっく》とも。長寿を願う節句で、かつては菊酒を飲む風習があったが、現代では廃れている。日本では**敬老の日**《けいろうのひ》は9月第3月曜日だが、中国では重陽を「高齢者の日」としている。

中秋《ちゅうしゅう》

中秋節

旧暦八月十五日のこと。この夜の満月を中秋の名月と呼び、月見団子、ススキの穂などを飾って観月をする。中華圏ではこの日は**中秋節**《ちゅうしゅうせつ》という重要な祝日。月餅《げっぺい》を食べる風習がある。

永遠に中秋月夜《げつや》の山水は藍の如く青かるべし。（永井荷風／浮世絵の鑑賞）

体育の日《たいいくのひ》

文化の日

1964年10月10日の東京オリンピックの開会式を記念して制定された国民の祝日。現在は10月第2月曜日。この前後に運動会を開催する学校も多い。対して、**文化の日**《ぶんかのひ》の11月3日は学園祭、文化祭などのピーク。この日は戦前までは明治天皇の誕生日を祝う日であった。

ハロウィン Halloween

10月31日に行われるアメリカ合衆国で盛んな祭り。本来は収穫を祝うとともに先祖の霊を迎え、悪霊を追い払うためのもの。カボチャのランタンを飾ったり、仮装をしたりするのはその名残。キリスト教の行事ではなく、古代ケルトの祭礼がルーツ。どこか日本のお盆にも通じるアニミスティックな要素を感じさせる。日本でも仮装イベント、仮装パーティーの日として年々盛んになってきている。

晩秋《ばんしゅう》

紅葉も盛りを過ぎて落葉となり、秋の終わりを感じる頃。類語に**暮秋**《ぼしゅう》、**暮**《く》**れの秋**《あき》、**秋**《あき》**の末**《すえ》など。**行**《ゆ》**く秋**《あき》というと一層寂しさもつのる。

ゆく秋の大和の国の薬師寺の塔の上なる一《ひと》ひらの雲（佐佐木《ささき》信綱《のぶつな》／新月）

暮秋　暮れの秋　秋の末　行く秋

初冬《しょとう》

冬《ふゆ》の始まりの頃。木枯らしが吹いたり、初霜が降りる頃。
冬の真ん中の寒さの厳しい時期は、**真冬**《まふゆ》。冬の終わり頃は**晩冬**《ばんとう》。

冬　真冬　晩冬

右／小春、左上／サンクスギビングデー、左下／年末

小春 こはる

旧暦十月の異称。あるいは初冬にもかかわらずぽかぽかと春を思わせる陽気の日のことで、そんな天候を小春日和という。沖縄では夏が戻ったような暑さになるため、**十月夏小**《ジュウグワツィナツィグワー》という言葉もある。

十月夏小

サンクスギビングデー Thanksgiving Day

アメリカ合衆国とカナダの祝日で、イギリスからの入植者の最初の収穫を記念した日。**感謝祭**《かんしゃさい》。七面鳥料理を食べる習慣がある。米国では11月の第4木曜日。翌金曜日はクリスマス商戦のスタートで、小売店が黒字に転じることから**ブラックフライデー**（Black Friday）と呼ばれる。

感謝祭　ブラックフライデー

勤労感謝の日 きんろうかんしゃのひ

11月23日の国民の祝日。収穫に感謝する宮中行事で、戦前の祭日であった**新**《にい》**嘗祭**《なめさい》に由来する。米国のサンクスギビングデーと日付が近いのは偶然。

新嘗祭

冬日 ふゆび

気象庁では、一日の最低気温が0℃未満の日を冬日、最高気温が0℃未満の日を**真冬日**《まふゆび》と定義している。

真冬日

年末 ねんまつ

一年の終わりの時期。催事に関連する場合には、**歳末**《さいまつ》を使うことも多い。他の類語には**年**《とし》**の暮**《く》**れ**、**暮**《く》**れ**、**歳暮**《せいぼ》など。歳暮は転じて年末の贈答も指す。

ともかくもあなた任せのとしの暮（小林一茶《こばやしいっさ》／おらが春）

歳末　年の暮れ　暮れ　歳暮

クリスマス

年の瀬《としのせ》

年末のこと。他の類語よりも切迫した気分の時に使う。「瀬」とは川の流れが急になり、渡るのが危険なところ。江戸時代は年末が借金の返済期限だったため、これを越して正月を迎えられるかどうか、資金繰りに苦慮する時期だった。「年の瀬を渡る」「年の瀬を越す」はそんな意。

クリスマスイブ Christmas Eve

クリスマスの前日の12月24日の夜。しかしキリスト教では24日夜からがクリスマスなので、正確にはクリスマスの当夜、つまり**聖夜**《せいや》のこと。多くの国では家族と過ごす夜であるが、日本の独身者にとっては恋人と過ごす夜。子どものいる家にはサンタクロースがトナカイのそりに乗って訪れる。

聖夜

クリスマス Christmas

イエスの生誕を祝う日で、12月25日。**降誕祭**《こうたんさい》、**聖誕祭**《せいたんさい》。教会ではミサが行われ、各家庭ではクリスマスツリーを飾り、家族でプレゼントを贈り合う。もともとは太陽の再生を祝う冬至の祭りで、それがキリスト教化されたもの。日本では昭和の戦前に、12月25日の大正天皇崩御の日を休日にしたことで普及したといわれる。

降誕祭　聖誕祭

大晦日《おおみそか》

各月末を指す晦日《みそか》の最後。つまり一年の最終日で、12月末日のこと。**大晦**《おおつごもり》とも。歳神様《としがみさま》を迎える準備や行事を行う日。

大晦

大晦日さだめなき世の定めかな（井原西鶴《いはらさいかく》／三ケ津《さんかのつ》）

この句で「定め」としているのは借金取りのこと。

除夜《じょや》

大晦日の夜。多くの寺で煩悩の数とされる108回の鐘を撞《つ》く。**年《とし》の夜《よ》**ともいう。

年の夜

行く年　来る年

年越し《としこし》

暦が新年に移ること。**行《ゆ》く年《とし》**を送り、**来《く》る年《とし》**を迎えること。本来はその年の借金を返済し、正月を無事に迎えられるかどうかの切実さを伴う言葉。海外ではパーティーや花火などで祝う。日本では家族でテレビを眺め、そばを食べる習慣があり、初詣に出かける人も多い。

IV 暦の章

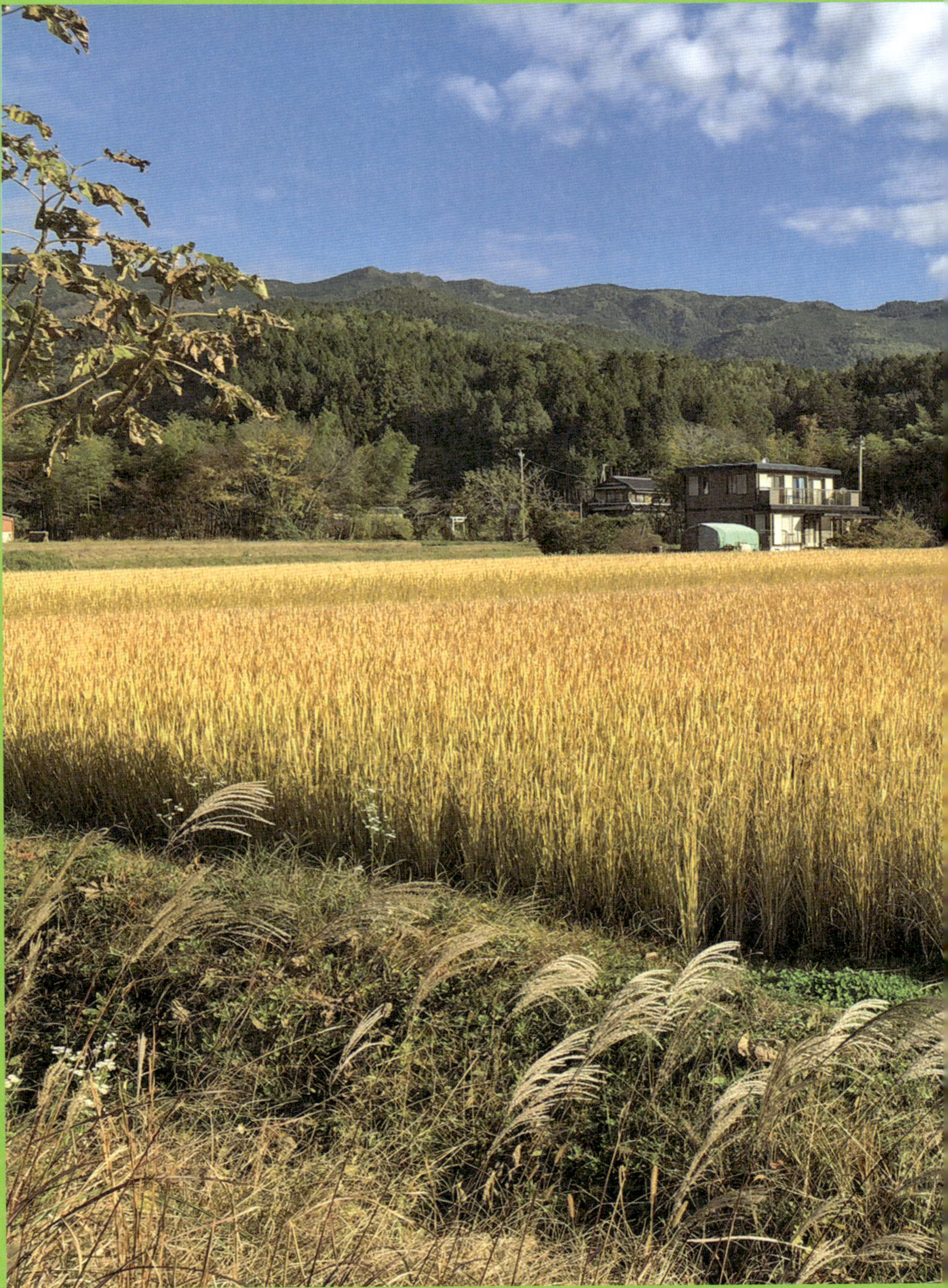

秋社

上／一分、下／一秒

一分《いっぷん》

1時間を60等分した時間の単位。正確には60秒のこと。

分や秒という概念が生まれたのは、精密な機械時計が発明された14世紀。60分割はバビロニアの六十進法に基づく。**分刻《ふんきざ》み**の時間感覚が市民生活に浸透したのは、鉄道の時刻表の登場によるとされる。

分刻み

一秒《いちびょう》

1分を60等分した時間の単位。つまり1日の86,400分の1。しかし1日の長さの基になる地球の自転速度は一定ではない。そのため現在では、セシウム原子時計に基づく1秒を基準とし、逆にその86,400倍を1日とするようになった。この両者の差を調整するため、1～2年に1秒程度、**閏秒《うるうびょう》**が挿入される。現在は1分や1時間も、秒を基準として定義されている。

閏秒

標準時《ひょうじゅんじ》

各国、各地域で基準とする時刻のこと。かつてはその地域の観測地点での太陽の子午線通過（正中《せいちゅう》）を正午とする**太陽時《たいようじ》**によって設定されていた。

その後は経度0°に位置したロンドン郊外のグリニッジ天文台の**平均太陽時《へいきんたいようじ》**である**グリニッジ標準時《ひょうじゅんじ》**（GMT）が基準となり、その差が1時間あるいは30分単位となる時刻を標準時とした。現在は正確には、原子時計による**協定世界時《きょうていせかいじ》**（UTC）を基に世界は動いている。

太陽時　平均太陽時
グリニッジ標準時　協定世界時

時差《じさ》

地球上の2地点での標準時の差。日本はイギリスと9時間の時差がある。時差の大きな移動をすると**体内時計《たいないどけい》**が狂い、睡眠不調などの時差ボケが起こる。

時間をずらして何かを行ったり、時間がずれて何かが起こる際にもこの語を用いる。

体内時計

時計《とけい》

時間を計ったり、時刻を示すための装置、機械のこと。

人類最初の時計は、日光の影を利用した**日時計《ひどけい》**。時計の針が右回りなのは、日時計が北半球では常に右回りになることの名残。またロウソクなどを使った**火時計《ひどけい》**、水や砂の流れを利用した**水時計《みずどけい》**（中国では**漏刻《ろうこく》**と呼ぶ）、**砂時計《すなどけい》**も古代からあった。日本では671年に初めて漏刻が設置されたとの記録があり、その6月10日が**時の記念日《ときのきねんび》**となっている。

16世紀にガリレオが**振り子時計《ふりこどけい》**を思いついて以降は機械時計の時代となり、現在では水晶の振動を利用した**クオーツ時計《どけい》**が主流。

日時計　火時計　水時計
漏刻　砂時計　時の記念日
振り子時計　クオーツ時計

時刻《じこく》

時間の流れの中の一点を指して用いる。予定された時刻のことは**定刻《ていこく》**、おおむね一定している時間のことは**定時《ていじ》**。

定刻　定時

牛時計《うしどけい》

民俗学用語で、その社会における1日の時間の経過を、時計や太陽の位置などで計らず、労働の区切りで示す時間観念の一例。牛時計は牧畜民における、牛を牛舎から出す、乳を搾る、放牧する、牛舎に戻す、といった労働内容で区切った時間のこと。その共同体内のみで通用する。同様のものに、古代日本では**潮時計《しおどけい》**がある。

ちなみに**腹時計《はらどけい》**は自分自身しか読めない個人時計。

潮時計　腹時計

上／一時間、下／吉日

一時間 いちじかん

1日を24等分した時間の単位。正確には3,600秒のこと。

かつては日の出から日没までと、日没から日の出までをそれぞれ12等分したものを1時間とする**不定時法**《ふていじほう》が用いられていた（日本は6等分で2時間単位）。この場合は夏の昼間の1時間は冬の昼間の1時間よりも長く、冬の夜の1時間は夏の夜の1時間よりも長くなる。

不定時法

干支 えと

十干と十二支のこと。あるいはそれによる60通りの組み合わせのことで、暦ではそれらを年・月・日に順に割り当てて用いる。年の場合は、60年で一巡りし、これを還暦という。

最初の干支は**甲子**《きのえね》で、甲子園球場はこの年に完成した。また**丙午**《ひのえうま》の年は火災が多く、気の強い女性が生まれるとの迷信もあり、出生率が下がる傾向があった。

現代では生まれ年を示す十二支を指して、干支と呼ぶことが多い。

甲子
丙午

十干 じっかん・じゅっかん

五行思想の木・火・土・金・水のそれぞれに、陽を意味する兄《え》と、陰を意味する弟《と》を配した10の名称。「えと」の名はこの兄《え》と弟《と》に由来する。

音読みでは、甲《こう》・乙《おつ》・丙《へい》・丁《てい》・戊《ぼ》・己《き》・庚《こう》・辛《しん》・壬《じん》・癸《き》で、訓読みでは、甲《きのえ》・乙《きのと》・丙《ひのえ》・丁《ひのと》・戊《つちのえ》・己《つちのと》・庚《かのえ》・辛《かのと》・壬《みずのえ》・癸《みずのと》と読む。

暦や方位、等級などを表すのに使った他、甲・乙は現代でも種別や仮称などに用いる。

十二支 じゅうにし

暦に用いる12種の動物を基にした名称。子《ね》・丑《うし》・寅《とら》・卯《う》・辰《たつ》・巳《み》・午《うま》・未《ひつじ》・申《さる》・酉《とり》・戌《いぬ》・亥《い》の12種。

日本ではネズミ・ウシ・トラ・ウサギ・リュウ・ヘビ・ウマ・ヒツジ・サル・ニワトリ・イヌ・イノシシの十二獣を当てるが、他のアジア諸国では亥はブタ。またタイやベトナムでは卯はネコが入る。

十二支は暦の他に、近世までは時刻や方位を表すのにも用いられた。正午、子午線などの語はその名残。

六曜 ろくよう

暦に付記される吉凶や運勢などを示す**暦注**《れきちゅう》の代表的なもので、**先勝**《せんしょう》、**友引**《ともびき》、**先負**《せんぶ》、**仏滅**《ぶつめつ》、**大安**《たいあん》、**赤口**《しゃっこう》の6種。

迷信と言われながらも、現在でも結婚式には大安が選ばれ、葬儀は友引を避けるなど、日本人の生活に深く根を張っている。

先勝は午前が吉で午後が凶、友引は朝晩が吉で昼が凶、先負は午前が凶で午後が吉、仏滅は万事凶、大安は万事吉、赤口は正午前後は吉でそれ以外は凶とされる。

暦注　先勝　友引　先負
仏滅　大安　赤口

吉日 きちじつ・きちにち

六曜や占いなどで縁起が良いとされる日。あるいはめでたい日、ラッキーな日のこと。類語に**佳日**《かじつ》、**嘉日**《かじつ》など。

宝くじ売場などで見かける**一粒万倍日**《いちりゅうまんばいび》は、一粒の籾《もみ》が万倍に実るとの意で、投資に良い日とされている。

佳日　嘉日
一粒万倍日

凶日 きょうじつ

六曜や占いなどで縁起が悪いとされる日。あるいは災難の多い日、アンラッキーな日のこと。類語に**悪日**《あくにち》、**厄日**《やくび》など。

建築関係で大凶日とする日に**三隣亡**《さんりんぼう》がある。

悪日　厄日　三隣亡

一日 いちにち

地球の自転1回転を基準にした暦や時間の単位。古来、多くの民族が日の出から次の日の出までを1日としていた。イスラム教、ユダヤ教、キリスト教の暦では日没を1日の始まりとする。

暦日《れきじつ》では午前0時から次の午前0時まで。時間の単位としては86,400秒のこと。また夜明けから日没までを指して使うこともある。

一日《いちじつ》とも読み、**一日千秋**《いちじつせんしゅう》は一日が千年にも思えるほど待ち遠しいことの喩え。一方、**十年一日**《じゅうねんいちじつ》は十年経っても一日しか経っていないように変化が乏しいとの意。

暦日　いちじつ
一日千秋　十年一日

ひと月 ひとつき

1年を12に区分した暦の単位で、30日前後。太陽・月・地球が直線に並ぶ朔（新月）から、月が地球の周りを一周し、次の朔に至るまでの期間に由来した名。**一ヶ月**《いっかげつ》とも。

新暦ではひと月が31日ある月を**大**《だい》**の月**《つき》、30日以下の月を**小**《しょう》**の月**《つき》と呼ぶ。旧暦の場合、大の月は30日、小の月は29日以下で、毎年配置が変わる。ひと月余りのことは**月余**《げつよ》という。

一ヶ月　大の月　小の月　月余

カレンダー calendar

暦を生活に使いやすく、年単位、月単位などで一覧表にしたもの。多くは曜日を基に編集している。

一日単位になっていて、日ごとに破り取って使うスタイルのものは**日**《ひ》**めくり**。

日めくり

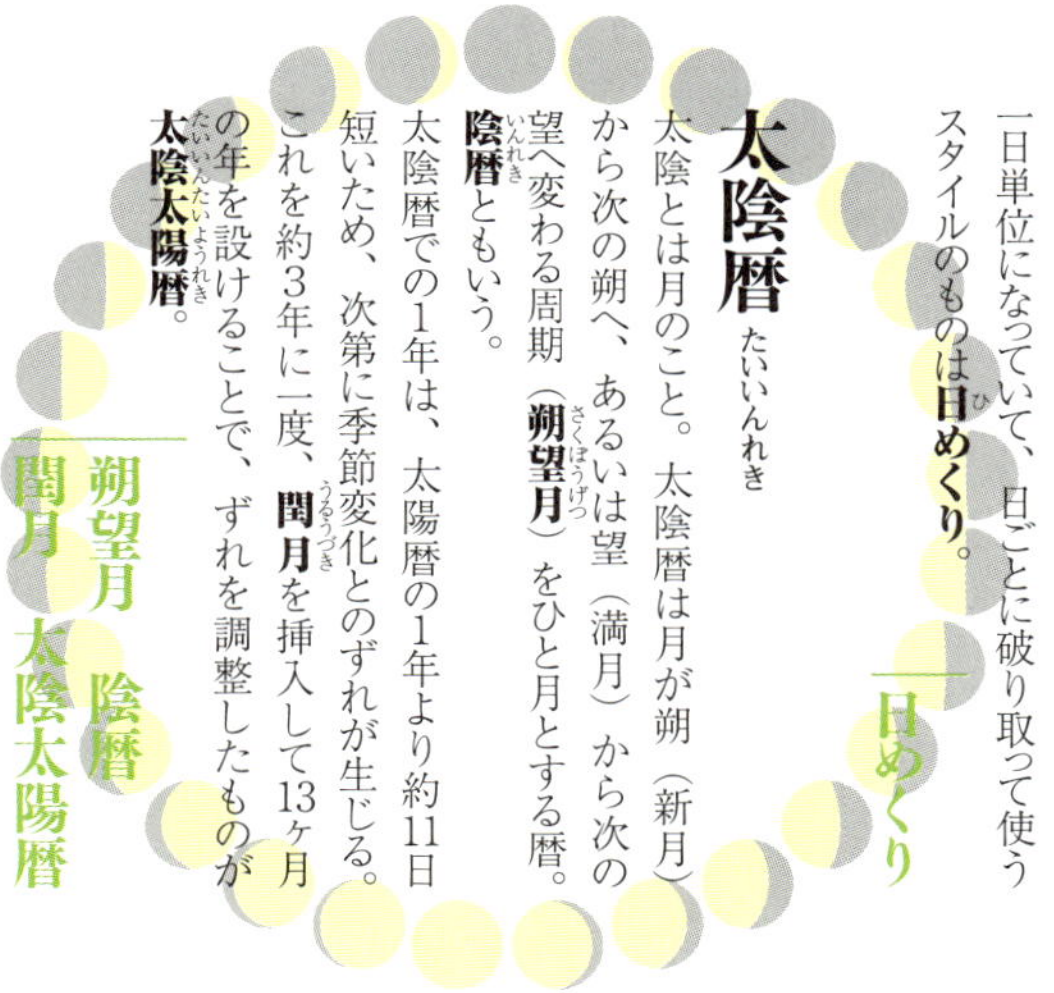

太陰暦 たいいんれき

太陰とは月のこと。太陰暦は月が朔（新月）から次の朔へ、あるいは望（満月）から次の望へ変わる周期（**朔望月**《さくぼうげつ》）をひと月とする暦。**陰暦**《いんれき》ともいう。

太陰暦での1年は、太陽暦の1年より約11日短いため、次第に季節変化とのずれが生じる。これを約3年に一度、**閏月**《うるうづき》を挿入して13ヶ月の年を設けることで、ずれを調整したものが**太陰太陽暦**《たいいんたいようれき》。

朔望月　陰暦
閏月　太陰太陽暦

ヒジュラ暦 ヒジュラれき

イスラム教社会で使われている暦。**イスラム暦**《れき》とも。純粋な太陰暦で、季節と暦は連動しない。新月ではなく、細い月が最初に見える日を月の第1日目とする。

ヒジュラ暦元年は西暦622年に当たる。

9月を断食の月・**ラマダーン**（Ramadan）、12月を巡礼の月としている。

イスラム暦
ラマダーン

ユダヤ暦 ユダヤれき

ユダヤ教徒が用いる暦で、19年に7回閏月を入れる太陰太陽暦。西暦の紀元前3761年10月7日を創世紀元としている。

旧暦 きゅうれき

日本で明治5年まで使われていた、太陰太陽暦である**天保暦**《てんぽうれき》のこと。

これに対して、現在使われている太陽暦（グレゴリオ暦）は**新暦**《しんれき》と呼ばれる。

沖縄では多くの行事が今も旧暦で行われるため、カレンダーや手帳も旧暦が並記されている。中国の旧暦に当たるものは**農暦**《のうれき》と呼ばれる。

天保暦　新暦　農暦

絵暦 えごよみ

その年の大の月、小の月の配置を伝える**大小**《だいしょう》**暦**《ごよみ》など、近世において字の読めない人にもわかるように作られた、イラストで描かれた暦。

この暦のイラストから後に浮世絵が生まれる。

大小暦

七月七日晴れます
ように

一年《いちねん》

地球が太陽の周りを公転し、季節が一巡りすることを基にした時間や暦の単位。元来は太陽が春分点を起点に一巡する周期。12ヶ月のこと。太陽暦では365日。**一年**《ひととせ》とも読む。**暦年**《れきねん》は1月1日に始まる。

ひととせ　暦年

太陽暦《たいようれき》

太陽が地球の周りを一周公転する周期（**太陽**《たいよう》**年**《ねん》）を基にした暦。**陽暦**《ようれき》ともいう。1年を365日とするが、太陽年との誤差を解消するために4年に1日、**閏日**《うるうび》を挿入する。その年を**閏年**《うるうどし》と呼ぶ。紀元前46年にカエサルが導入した**ユリウス暦**《れき》によって普及した。

太陽年　陽暦　閏日
閏年　ユリウス暦

グレゴリオ暦《グレゴリオれき》

1582年にユリウス暦を改良して制定された太陽暦で、今も世界各国で用いられている。1年を365日とし、400年間に97回の閏年を置く。日本では明治5年12月2日（旧暦）の翌日を西暦1873年（明治6年）1月1日とする形で導入された。

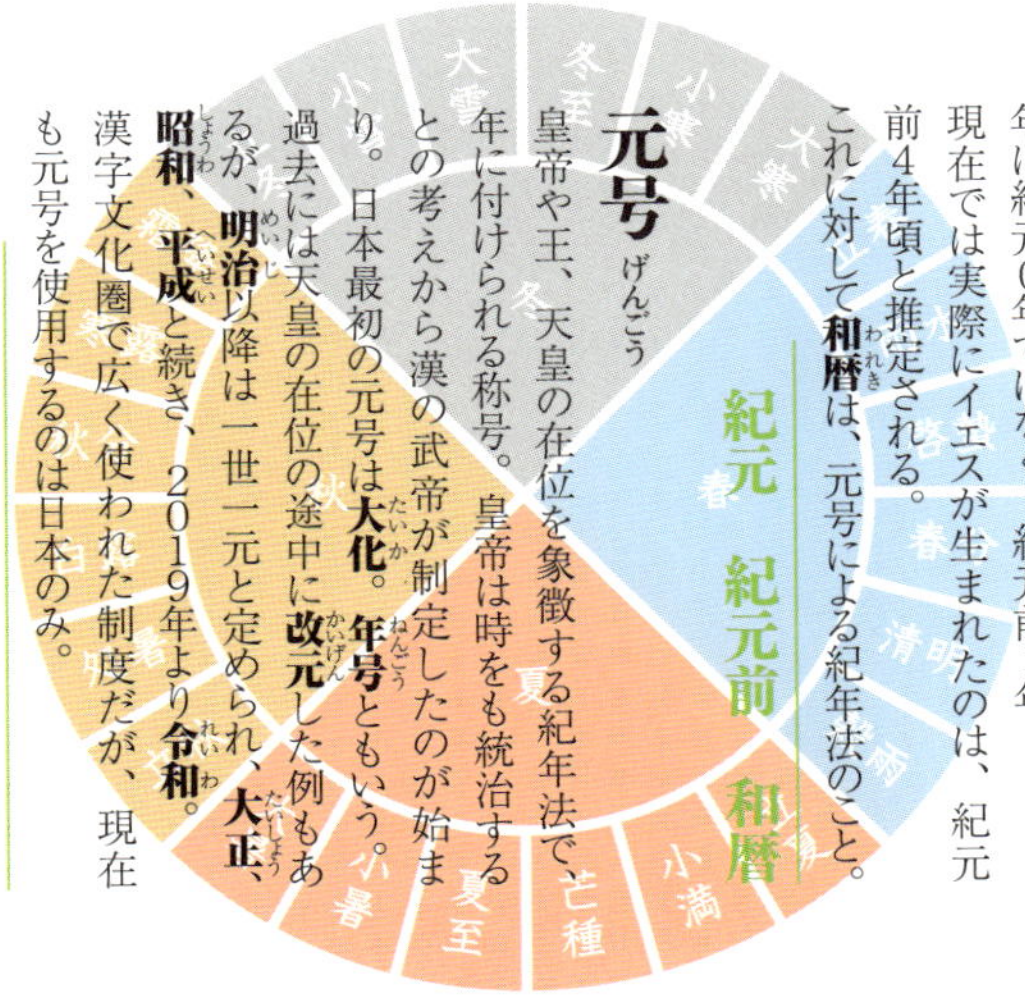

西暦《せいれき》

イエスが誕生したとされる年を**紀元**《きげん》とする西洋の紀年法。グレゴリオ暦もこれを用いる。紀元より前を**紀元前**《きげんぜん》といい、紀元元年の前の年は紀元0年ではなく、紀元前1年。現在では実際にイエスが生まれたのは、紀元前4年頃と推定される。これに対して**和暦**《われき》は、元号による紀年法のこと。

紀元　紀元前　和暦

元号《げんごう》

皇帝や王、天皇の在位を象徴する紀年法で、年に付けられる称号。皇帝は時をも統治するとの考えから漢の武帝が制定したのが始まり。日本最初の元号は**大化**《たいか》。**年号**《ねんごう》ともいう。過去には天皇の在位の途中に**改元**《かいげん》した例もあるが、**明治**《めいじ》以降は一世一元と定められ、**大正**《たいしょう》、**昭和**《しょうわ》、**平成**《へいせい》と続き、2019年より**令和**《れいわ》。漢字文化圏で広く使われた制度だが、現在も元号を使用するのは日本のみ。

大化　年号　改元　明治
大正　昭和　平成　令和

元年《がんねん》

元号や紀元の最初の年。また、新制度の始まりの年や、何かを革新した時の喩えにも使う。

農事暦《のうじれき》

季節の移ろいに合わせて、必要な農作業の時期、行事の時期を記録した有形無形の民俗的な暦。二十四節気もその要素の一つ。

二十四節気《にじゅうしせっき》

1年を24等分し、それぞれの時候の特徴を示す名前を付けた**季節**《きせつ》の区分、または変わり目。古代中国の黄河中・下流域での農作業を反映して作られた。旧暦各月の前半に当たるものを**節気**《せっき》、後半に当たるものを**中気**《ちゅうき》と呼ぶ。

季節　節気　中気

雑節《ざっせつ》

中国から来た二十四節気や五節句に加え、日本の気候に合わせて設けられた季節の節目。節分、彼岸、八十八夜、土用など。

七十二候《しちじゅうにこう》

二十四節気をさらに3つに分け、季節の移ろいを約5日ごとに細やかに表現したもの。古代中国の七十二候では日本の気候風土にそぐわないことが多く、江戸時代に日本版として**本朝七十二候**《ほんちょうしちじゅうにこう》が作られた。

本朝七十二候

時間《じかん》

時の流れ。ある程度の長さを持ったニュアンスで使われる。「空間」とともに人間が世界を認識するための尺度となるもの。物理学から哲学まで様々な学問にとって最重要な命題。また多くの芸術家や作家を惹《ひ》きつけてやまないモチーフ。文芸・音楽・演劇・映画は時間芸術と呼ばれる。「時は金なり」はアメリカ合衆国建国の父の一人、ベンジャミン・フランクリンの言葉。経済は今もこの原則で動いているが、ミヒャエル・エンデが『モモ』で提示したように、そのことによって時間の搾取＝時間泥棒も蔓延《まんえん》する。決して金とは交換できない、文字通りの「かけがえのない時間」や、自分の人生の長さを超えた「聖なる時の流れ」について考えることも、我々には必要だ。

立春《りっしゅん》

二十四節気の一番目。旧暦一月の節気。新暦では2月4日頃で、節分の翌日。この日から春が始まるとされ、「暦の上では春」という表現は立春を引き合いに使われる。七十二候は「春の風が氷を溶かし始める」「ウグイスが鳴き始める」「氷の間から魚が姿を現す」と続く。

立春の時に卵が立つという話は、近来にない愉快な話であった。（中谷《なかや》宇吉郎《うきちろう》／立春の卵）

雨水《うすい》

二十四節気の一つ。旧暦一月の中気。新暦では2月19日頃。雪や氷が溶けて水となり、天から雨となって落ちてくる時季。七十二候は「雨が降って土が湿って潤う」「霞がたなびき始める」「草木が芽吹き始める」と続く。

啓蟄《けいちつ》

二十四節気の一つ。旧暦二月の節気。新暦では3月6日頃。冬ごもりしていた虫たちが地中から這《は》い出してくる。七十二候は「冬ごもりしていた虫が出てくる」「桃の花が咲き始める」「青虫が羽化して蝶になる」と続く。

啓蟄や日はふりそゝぐ矢の如く（高浜《たかはま》虚子《きょし》／五百五十句）

彼岸《ひがん》

雑節の一つ。春と秋にあり、それぞれ春分と秋分を**中日**《ちゅうにち》として、前後3日間を含む7日間。先祖に感謝して墓参りなどし、春はぼた餅を、秋はおはぎを供える。「暑さ寒さも彼岸まで」との慣用句もあるように、本格的な春、本格的な秋が始まる時季。

中日

春分《しゅんぶん》

二十四節気の一つ。旧暦二月の中気。新暦では3月21日頃。昼と夜の長さが同じになる日。この日からは昼の方が長くなる。彼岸の中日に当たり、**春分**《しゅんぶん》**の日**《ひ》として国民の祝日となる。七十二候は「スズメが巣作りを始める」「桜の花が咲き始める」「雷鳴が轟くようになる」と続く。

ほんとうは、三月にはまだ山の春は来ない。三月春分の日というのに、山の小屋のまわりには雪がいっぱいある。（高村光太郎／山の春）

春分の日

社日《しゃにち・しゃじつ》

雑節の一つ。春と秋にあり、それぞれ春分と秋分にもっとも近い戊《つちのえ》の日を充てる。春の社日を**春社**《しゅんしゃ》、秋の社日を**秋社**《しゅうしゃ》ともいう。産土神《うぶすながみ》を祀る日で、春は豊作を祈願し、秋は収穫を感謝する。

春社　秋社

清明《せいめい》

二十四節気の一つ。旧暦三月の節気。新暦では4月5日頃。万物が清々しく、生き生きとする。日本本土では桜の下で花見の宴を開き、一方沖縄では**清明祭**《シーミー》といって墓の前に一族が集まり宴を開く。七十二候は「ツバメが渡ってくる」「ガンが北へ帰って行く」「虹を見るようになる」と続く。

清明祭

穀雨《こくう》

二十四節気の一つ。旧暦三月の中気。新暦では4月20日頃。百穀を潤し、芽を出させる春雨が降る。七十二候は「葦《あし》が芽を出し始める」「霜が終わり、稲の苗が伸び始める」「牡丹《ぼたん》の花が咲く」と続く。

八十八夜《はちじゅうはちや》

雑節の一つ。立春から数えて88日目のことで、新暦の5月2日頃。最後の遅霜があるので農家は注意するとともに、この日以降は種まきに適した時季となる。茶摘みの最盛期で、この日に摘んだ茶を飲むと縁起がいいとされる。

大寒
立春
雨水
啓蟄
春
春分
清明
穀雨
立夏

立夏 りっか

二十四節気の一つ。旧暦四月の節気。新暦では5月6日頃。この日から夏が始まるとされる日で、気温も急に上がってくる。七十二候は「カエルが鳴き始める」「ミミズが地上に出てくる」「タケノコが生えてくる」と続く。

小満 しょうまん

二十四節気の一つ。旧暦四月の中気。新暦では5月21日頃。日の光が強くなり、万物が生長して満ち満ちてくる。七十二候は「蚕が桑の葉を盛んに食べ始める」「紅花が花盛りとなる」「麦が熟し収穫を迎える」と続く。

波と風の音がして、町中、腥《なまぐさ》い臭《にお》いが流れていた。小満の季節らしく、三味線の音のようなものが遠くから聞《きこ》えて来る。（林芙美子《はやしふみこ》／風琴と魚の町）

芒種 ぼうしゅ

二十四節気の一つ。旧暦五月の節気。新暦では6月6日頃。芒《のぎ》のある穀物の種をまく意で、田植えの時季。七十二候は「カマキリが生まれてくる」「腐った草の下からホタルが現れる」「梅の実が黄色く熟す」と続く。

入梅 にゅうばい

雑節の一つ。新暦の6月11日頃。**梅雨入り**《つゆい》を迎える時季。梅雨入りすること自体を漢語で入梅ともいう。梅雨が終わる時は**梅雨明け**《つゆあ》。

梅雨入り　梅雨明け

夏至《げし》

二十四節気の一つ。旧暦五月の中気。新暦では6月21日頃。北半球で昼がもっとも長く、夜が短くなる日。七十二候は「ウツボグサ（夏枯草《かこそう》）が枯れる」「アヤメの花が咲く」「カラスビシャク（半《はん》夏《げ》）が生えてくる」と続く。

半夏生《はんげしょう》

雑節の一つ。新暦の7月2日頃。薬草である半夏（カラスビシャク）が生えてくる時季で、田植えを終える目安となる。

小暑《しょうしょ》

二十四節気の一つ。旧暦六月の節気。新暦では7月7日頃。暑さがひときわ厳しくなり、**暑中**《しょちゅう》に入る。七十二候は「熱い風が吹いてくる」「蓮の花が初めて開く」「鷹の幼鳥が飛び方を覚える」と続く。

暑中

大暑《たいしょ》

二十四節気の一つ。旧暦六月の中気。新暦では7月23日頃。一年でもっとも暑さが厳しい時季。暑中。七十二候は「桐の花が実になり始める」「土が湿り、蒸し暑くなる」「時々大雨が降る」と続く。

念力のゆるめば死ぬる大暑かな（村上《むらかみ》鬼城《きじょう》／鬼城句集）

立冬
霜降
寒露
秋分
白露
処暑
立秋
大暑
秋

土用《どよう》

雑節の一つ。立春、立夏、立秋、立冬の前の18日間をそれぞれ冬の土用、春の土用、夏の土用、秋の土用と呼ぶ。各季節の土用の最初の日は**土用《どよう》の入《い》り**といい、最後の日が節分となる。土の気が各季節の準備をする時季とされる。

今日一般的なのは暑中と重なる立秋前の夏の土用で、夏バテ予防のため、**土用《どよう》の丑《うし》の日《ひ》**にウナギを食べる。

うす青みさしわたりたる土用明けの日ざしは深し窓下の草に（若山牧水《わかやまぼくすい》／樹木とその葉　夏を愛する言葉）

土用の入り
土用の丑の日

立秋《りっしゅう》

二十四節気の一つ。旧暦七月の節気。新暦では8月8日頃。この日から秋が始まるとされる日で「暦の上では秋」だが、暑さはまだ厳しい。この日から手紙などの文面は**残暑**《ざんしょ》へと変わる。七十二候は「涼しい風が吹き始める」「ヒグラシが鳴く」「深い霧が立ちこめるようになる」と続く。

残暑

処暑《しょしょ》

二十四節気の一つ。旧暦七月の中気。新暦では8月23日頃。暑さが一段落し、涼しさが戻り始める。七十二候は「綿を包む萼《がく》が開く」「天も地もやっと涼しくなる」「稲が実る」と続く。

二百十日《にひゃくとおか》

雑節の一つ。立春から数えて210日目。新暦では9月1日頃。稲の開花期に当たる一方で、台風の襲来時期でもあり、農家は厄日として警戒する。関東大震災が起きた9月1日の**防災《ぼうさい》の日《ひ》**と重なることが多い。

二百十日の風と雨と煙りは満目《まんもく》の草を埋《うず》め尽くして、一丁先は靡《なび》く姿さえ、判然《はっきり》と見えぬようになった。（夏目漱石《なつめそうせき》／二百十日）

防災の日

白露《はくろ》

二十四節気の一つ。旧暦八月の節気。新暦では9月8日頃。大気が冷えてきて、草木に白く光る露が宿る。七十二候は「草に宿る露が白く光る」「セキレイが鳴く」「ツバメが去って行く」と続く。

白露の色はひとつをいかにして秋の木の葉を千々《ちぢ》に染むらん（藤原敏行《ふじわらのとしゆき》・古今集）

二百二十日《にひゃくはつか》

雑節の一つ。立春から数えて220日目。新暦では9月11日頃。台風の襲来日とされる。

秋分《しゅうぶん》

二十四節気の一つ。旧暦八月の中気。新暦では9月23日頃。昼と夜の長さが同じになる日。彼岸の中日に当たり、**秋分《しゅうぶん》の日《ひ》**として国民の祝日となる。七十二候は「雷鳴の轟きが収まる」「虫が穴を塞《ふさ》ぎ、土の中にこもる」「田んぼの水を抜いて収穫準備をする」と続く。

秋分の日

寒露《かんろ》

二十四節気の一つ。旧暦九月の節気。新暦では10月8日頃。本格的な秋が始まり、露が寒々しく感じる。七十二候は「ガンが北から渡ってくる」「菊の花が咲き始める」「戸口でコオロギが鳴く」と続く。

霜降《そうこう》

二十四節気の一つ。旧暦九月の中気。新暦では10月23日頃。霜が降りるようになり、紅葉もピークを迎える。七十二候は「霜が降り始める」「小雨がしとしと降る」「モミジやツタが黄葉する」と続く。

立冬《りっとう》

二十四節気の一つ。旧暦十月の節気。新暦では11月7日頃。この日から冬が始まるとされる日。七十二候は「山茶花《さざんか》が咲き始める」「土が凍り始める」「水仙の花が咲く」と続く。

小雪《しょうせつ》

二十四節気の一つ。旧暦十月の中気。新暦では11月22日頃。そろそろ初雪が降るところもある。七十二候は「虹をあまり見なくなる」「北風が木の葉を払う」「橘の実が黄色くなり始める」と続く。

大雪《たいせつ》

二十四節気の一つ。旧暦十一月の節気。新暦では12月7日頃。平地でも雪が降り始める時季で、本格的な冬の到来。七十二候は「天地の気が塞がり、本格的な冬となる」「クマが冬眠のため、穴にこもる」「鮭が群れとなって川を上る」と続く。

冬至《とうじ》

二十四節気の一つ。旧暦十一月の中気。新暦では12月22日頃。北半球で昼がもっとも短く、夜が長くなる日。小豆粥やカボチャを食べる習慣がある。七十二候は「ウツボグサ（夏枯草）生じる」「大ジカの角が落ちる」「雪の下で麦が芽を出す」と続く。

季節は冬至に間もなかった。尭《たかし》の窓からは、地盤の低い家々の庭や門辺に立っている木々の葉が、一日ごと剝がれてゆく様《さま》が見えた。（梶井基次郎／冬の日）

小寒　しょうかん

二十四節気の一つ。旧暦十二月の節気。新暦では1月5日頃。大寒とともにもっとも寒さが厳しい時季。小寒に入ることを**寒《かん》の入《い》り**という。七十二候は「セリがよく生長する」「凍っていた泉が動き始める」「キジが鳴き始める」と続く。

寒の入り

大寒　だいかん

二十四節気の最後。旧暦十二月の中気。新暦では1月20日頃。寒さのピーク。小寒と大寒の期間を**寒中《かんちゅう》**や**寒《かん》の内《うち》**という。七十二候は「フキノトウがつぼみを出す」「沢に厚い氷が張る」「ニワトリが卵を産み始める」と続く。

雛《ひよこ》の母さん／鶏さん／鳥屋に買はれて／ゆきました／大寒　小寒で／寒いのに／雛と　わかれて／ゆきました　（野口《のぐち》雨情《うじょう》／十五夜お月さん　鶏さん）

寒中　寒の内

節分　せつぶん

雑節の一つ。季節の変わり目の意で、立春、立夏、立秋、立冬の前日をいう。今日では特に立春の前日を指す。季節の変わり目には邪気や悪鬼が出るとされるため、柊《ひいらぎ》の枝に鰯《いわし》の頭を刺したものを飾ったり、豆まきをしてこれを祓う。

暦　こよみ

年間の月・日・曜日・祝祭日、また季節・月齢・潮汐・日の出・日没・記念日・行事など、時の情報を時の流れに沿って体系づけたもの。占い的要素を付記することもある。日を正確に数える意の「日《か》読《よ》み」が語源とされる。

V 命の章

星霜

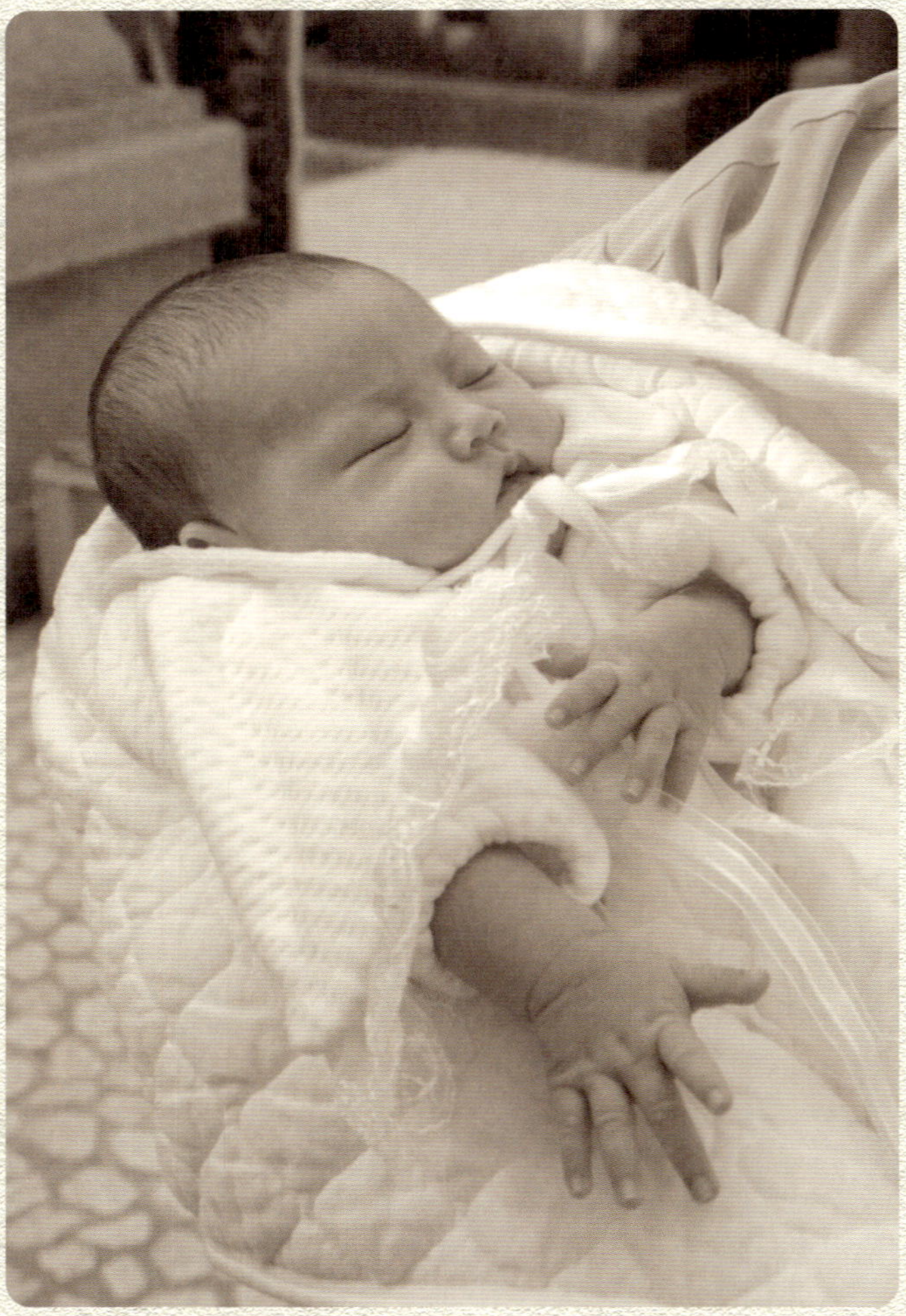

宮参り

七五三

臨月

誕生日《たんじょうび》

この世に生まれ出た日。

またその後の毎年の同月同日の記念日のことで、ケーキや贈り物などで祝う。漢語では**誕辰**《たんしん》、英語では**バースデー**（birthday）。

多くの占いでもっとも重要なデータとなる。

母があなたを産んだ日でもある。

ちなみにあなたが今いるのは、あなたの10世代前に1,024人、20世代前に1,048,576人の男女が愛を交わして、子を生んだ結果。

誕辰　バースデー

乳児期《にゅうじき》

母乳や粉ミルクなどで育てられる時期。乳飲み子、嬰児《えいじ》の頃。当の子どもに記憶はないが、親にとっては永遠に忘れられない時間。

児童福祉法では生後1年未満を指す。そのうち出生後28日未満は**新生児期**《しんせいじき》としている。

新生児期

十月十日《とつきとおか》

日本では妊娠期間の長さを俗に10ヶ月と10日間としてこう表現する。WHO（世界保健機関）の指針では、最終月経開始日を妊娠0日とし、２８０日目が**出産予定日**《しゅっさんよていび》。

イヌが多産でお産が軽いことにあやかり、**安定期**《あんていき》に入る妊娠５ヶ月目の最初の**戌の日**《いぬのひ》に安産祈願をする風習がある。

出産予定日　安定期　戌の日

臨月《りんげつ》

出産予定の月。一般に妊娠10ヶ月目（36週目）のこと。**産み月**《うみづき》とも。

解剖学者の故・三木成夫《みきしげお》によれば、胎児は出産までの10ヶ月間に5億年の脊椎《せきつい》動物の進化の歴史を辿って生まれてくるという。

産み月

お七夜《おしちや》

子どもが生まれて7日目の夜。またその祝いのことで、命名式を行う。かつてはこの日を待たずに亡くなる子も多かったので、この夜を節目とした。

その後は、生後1ヶ月で産土神に参詣する**宮参り**《みやまいり》、生後１００日目の**百日祝い**《ひゃくにちいわい》での**お食い初め**《おくいぞめ》といった行事が続く。

宮参り　百日祝い　お食い初め

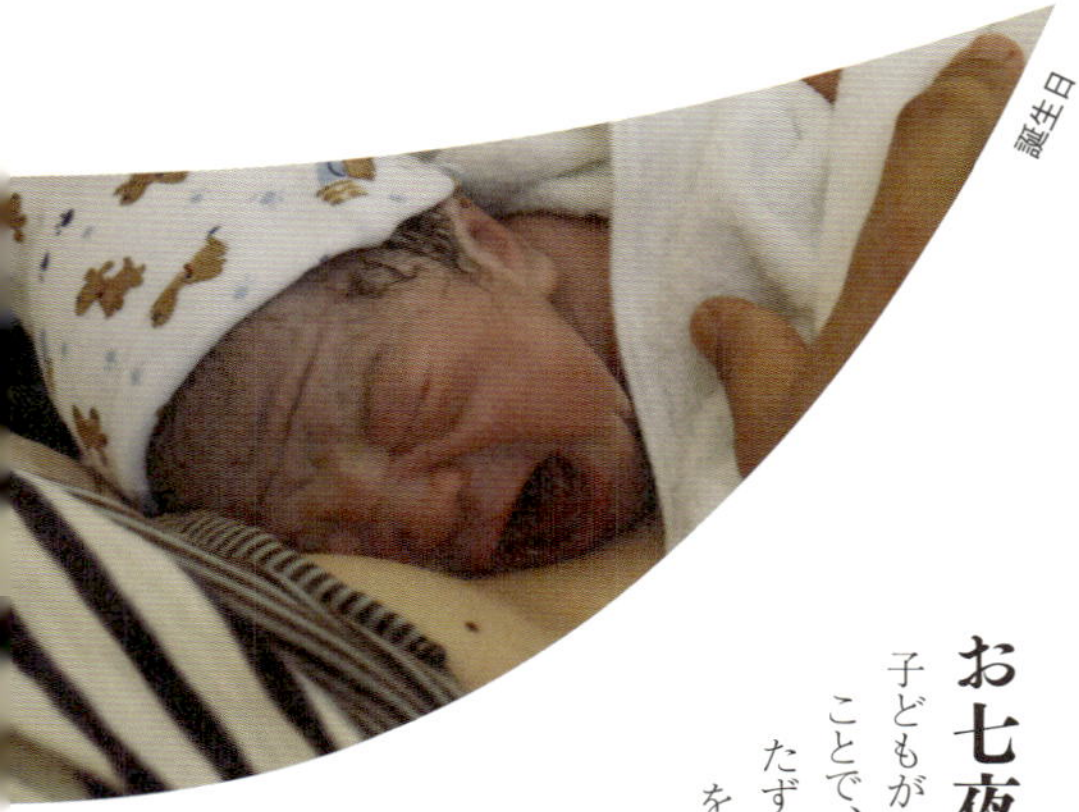

誕生日

孩提《がいてい》

2〜3歳。孩は幼児が笑うこと、提は手に抱えるの意。

幼児期《ようじき》

児童福祉法では満1歳から小学校就学までの期間を指す。いまだ内蔵している宇宙のリズムから心を形成していくための大切な時期。

幼年期《ようねんき》

一般に4〜6歳頃の幼稚園などに通う幼児期後半をいう。読書好きにはアーサー・C・クラークによるSF小説の名作『幼年期の終わり』が連想される。

幼少期

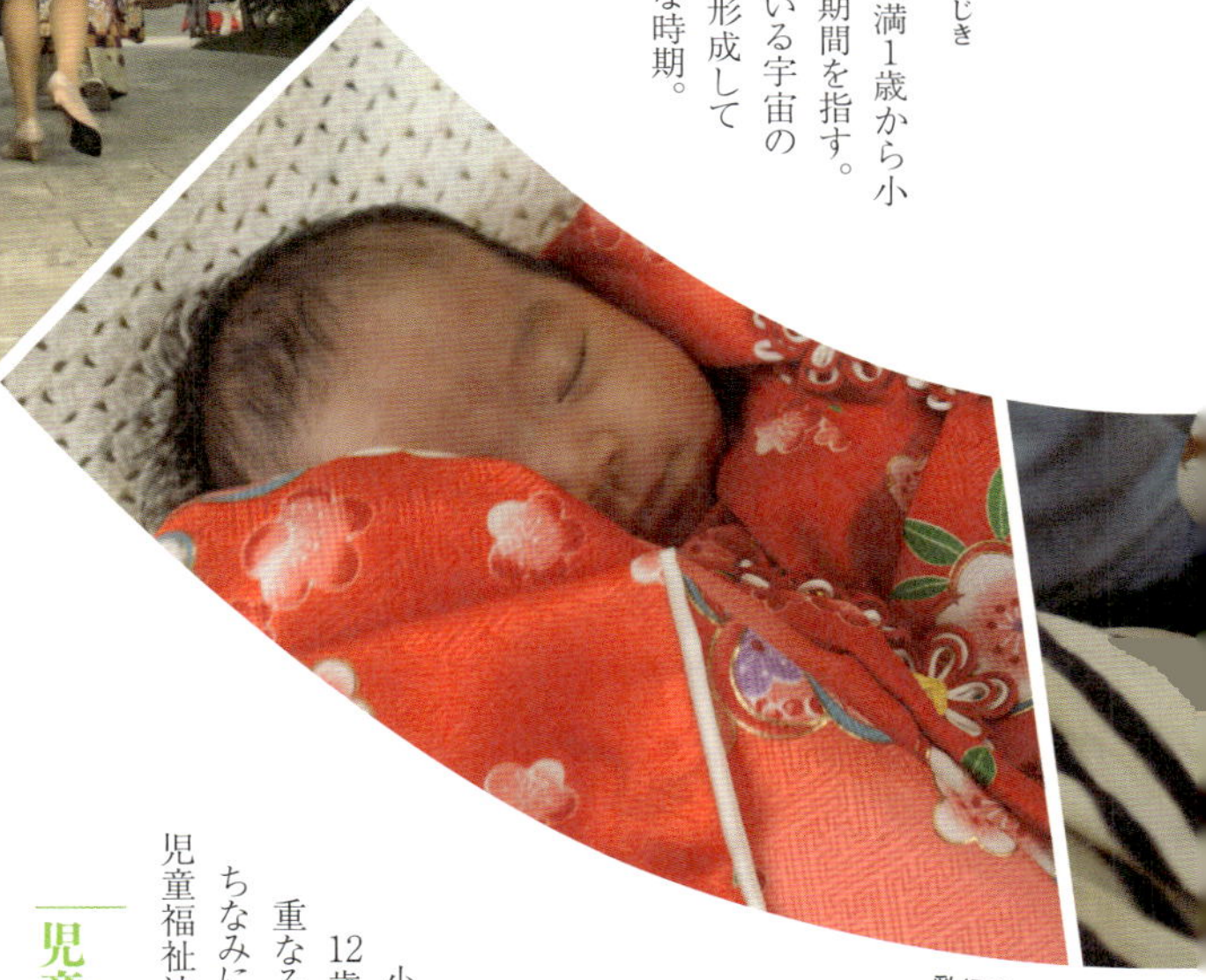

乳児期

幼少期《ようしょうき》

幼い子どもだった時代。大まかには幼児期から学童期にかけて、つまり1歳過ぎから12歳頃までを指して使うことが多い。十分に遊ぶことが、一番の学びとなる時期。

七五三《しちごさん》

男児は3歳と5歳、女児は3歳と7歳のこと。その年の11月15日に晴れ着を着て千歳飴《ちとせあめ》を持ち、氏神へ参拝して健やかな成長を祈る。

児童期

学童期《がくどうき》

小学校に就学している年齢。6歳から12歳頃で、発達区分における**児童期**《じどうき》と重なる。ちなみに「児童」は、学校教育法では小学生を、児童福祉法では18歳未満を指す。

学齢《がくれい》

保護者が子どもに義務教育を受けさせるよう定められた年齢。満6歳の誕生日以降の最初の4月1日から9年間。つまり小学校入学から中学校卒業まで。もしくは小学校に入学すべき年齢（満6歳）のこと。

学齢

少年期

モラトリアム

幼学《ようがく》

10歳のこと。儒教の経書『礼記《らいき》』では、学問を始める年齢とされる。

志学《しがく》

15歳のこと。『論語』で孔子が学問を志した年齢としていることに因む。意外と遅い気もするが、自ら志したという点が重要。女子の15歳は**笄年《けいねん》**といい、髪に笄《かんざし》を挿し始める年齢の意。

笄年

少年期《しょうねんき》

一般には小学校高学年から中学校在籍時、広義には18歳ぐらいまでをいう。少年法では20歳未満、児童福祉法では小学校就学から18歳未満の男女を「少年」とする。女子のみを指す時は**少女期《しょうじょき》**、**少女時代《しょうじょじだい》**。**少年《しょうねん》時代《じだい》**は男子に使われる。

少女期
少女時代
少年時代

破瓜《はか》

女子の16歳のこと。「瓜」の字を2つに割ると「八」と「八」になるため、足して16。女子の思春期、あるいは初体験の隠喩としても使う。アメリカでは女子の16歳の誕生日を**スウィートシックスティーン**（sweet sixteen）といい、大人の仲間入りを果たしたとして盛大に祝う。

スウィートシックスティーン

思春期《ししゅんき》

変声期《へんせいき》や月経などの第二次性徴が顕《あらわ》れ、子どもから大人へと変化していく12歳から18歳頃までをいう。恋愛やセックスへの関心が高まる、いわゆる「**年頃《としごろ》**」。心に体が追いつかず、また体に心が追いつかない不安定な時期で、しばしば**反抗期《はんこうき》**を伴う。英語の**ティーンエイジ**（teenage）と重なる。

変声期
反抗期
年頃
ティーンエイジ

学生時代 がくせいじだい

学生生活の中から、自ら学ぶ方法を確立するための期間。有名大学や大企業、官庁などに合格するための勉強が、学びであるとは限らない。当初の学生時代を終えてなお、学びの方法を模索する期間は、俗に**モラトリアム**（moratorium）と呼ばれる。

モラトリアム

青春 せいしゅん

10代後半から20代前半にかけての生命エネルギー溢れる時期を春に喩えた言葉。**青年期**《せいねんき》のこと。夢と希望、不安と憂鬱が混沌とする中で、自我を発酵させる時間。思い返すにもっとも気恥ずかしく、それゆえ懐かしい人生のページ。

三四郎は切実に生死の問題を考えたことのない男である。考えるには、青春の血が、あまりに暖かすぎる。（夏目漱石／三四郎）

青年期

卒業 そつぎょう

規定の学業を修め、その学校から去ること。またその時。最近は学校に限らず、活動からの引退や退職の婉曲《えんきょく》な表現としても使われる。類語の**巣立**《すだ》**ち**は、卒業して社会に出る時、あるいは親元から独立して生活を始める時をいう。

巣立ち

巣立ち

青春

青二才 あおにさい

年が若く、経験に乏しい未熟者のこと。二才は、ボラやスズキなどの出世魚の幼魚を指すとも、古語で青年の意の**新背**《にいせ》からともいわれている。ちなみに沖縄では今も青年のことを**二才達**《ニーセーター》と呼ぶ。

新背
二才達

弱年 じゃくねん

年が若く、経験が浅い時。**若年**とも書く。

若年

芳紀 ほうき

女性が若くてもっとも美しい年齢のこと。類語に**娘盛**《むすめざか》**り**、**妙齢**《みょうれい》。

娘盛り
妙齢

はたち

結婚

成年《せいねん》

社会において一人前の人間と認められる年齢のこと。現在の日本の民法では満20歳だが、2022年からは満18歳に引き下げられる。昔の貴族や武家社会の男子の成年は11〜15歳で、その儀式を**元服**《げんぷく》といった。成年に達していない年齢は**未成年**《みせいねん》。

元服　未成年

朱夏

適齢

成年

弱冠《じゃっかん》

男子の20歳のこと。『礼記』では冠をかぶり、元服する年齢とされる。**丁年**《ていねん》も男子の20歳、あるいは一人前と認められる年齢を指す。20歳を**はたち**と呼ぶのは、20をいう「はた」に、個数を示す助数詞「ち」が付いた古語の名残との説が有力。

丁年　はたち

適齢《てきれい》

規定に適した年齢。あるいは何かを行うのにふさわしい年齢。**適齢期**《てきれいき》と言う場合は、暗に**結婚適齢期**《けっこんてきれいき》、**婚期**《こんき》を指すことが多い。その時期は他の人が決めるものではなく、本人次第。

適齢期　結婚適齢期　婚期

結婚《けっこん》

男女が夫婦になること。近頃は同性でも可能な国や地域が増えている。恋する二人の一つのゴールであり、家族としてのスタート。また夢から現実への転換点。人生の墓場と言う人もいる。

結婚して夫婦が初めて共寝をする夜は**初夜**《しょや》。1周年の**結婚記念日**《けっこんきねんび》は**紙婚式**《かみこんしき》といい、25周年は**銀婚式**《ぎんこんしき》、50周年は**金婚式**《きんこんしき》として祝う。

初夜　結婚記念日　紙婚式　銀婚式　金婚式

蜜月《みつげつ》

結婚した当月。あるいはその甘美な気分の続いている期間。経済や政治上の友好関係の比喩にも使う。英語の**ハネムーン**（honeymoon）の訳語。ハネムーンは日本では新婚旅行のことを指す。古代ゲルマン民族は、新婚の1ヶ月間は滋養強壮にいい蜂蜜酒・ミードを飲んで、子作りに励んだというのが語源の一説。

ハネムーン

朱夏《しゅか》

体力もあり、経験も積み、心身ともに活発に活動できる時期を夏に喩えた言葉。**男盛《おとこざか》り**、**女盛《おんなざか》り**の頃。

男盛り　女盛り

盛年《せいねん》

若くて元気のいい盛りのこと。「盛年重ねて来たらず」は陶淵明《とうえんめい》の漢詩の一節。そんないい年頃は二度と来ないのだから、時を無駄にせず、大いに学び、大いに楽しめとの趣旨。詩の最後は「歳月は人を待たず」で結ばれる。

而立《じりつ》

30歳のこと。『論語』で孔子が学問の基礎を習得し、独り立ちした年齢としていることに因む。「三十にして立つ」。

壮年《そうねん》

20代後半から50代前半の**働《はたら》き盛《ざか》り**の年代。ネガティブにいえば**中年《ちゅうねん》**。

働き盛り
中年

三十路《みそじ》

三十路、**四十路《よそじ》**、**五十路《いそじ》**は、本来はそれぞれ30歳、40歳、50歳のこと。「じ」は「はたち」の「ち」と同じく個数を示す助数詞だが、「路」の文字を当てられたため、いつしか30代、40代、50代の意と取られるようになった。

最近はこれに代わり、around thirty（30歳前後）、around forty（40歳前後）、around fifty（50歳前後）をそれぞれ略した、**アラサー**、**アラフォー**、**アラフィフ**という表現が多用されつつある。

四十路　五十路
アラサー　アラフォー　アラフィフ

不惑《ふわく》

40歳のこと。『論語』で孔子が心に迷うことがなくなった年齢としていることに因む。「四十にして惑わず」。『礼記』では40歳を、官に仕える年齢として**強仕**《きょうし》という。

強仕

一期一会《いちごいちえ》

一期《いちご》は生まれてから死ぬまで、つまり一生のこと。一期一会は元は茶道の言葉で、一生に一度きりの出会いと思ってそのひとときを過ごすべし、との意。転じて、そんな稀有《けう》な邂逅《かいこう》の時間のこともいう。

一期

啐啄《そったく》

逃したら二度と来ないような好機のこと。元々は禅宗で師と弟子の思いが一致することをいう。啐は卵の中から雛が殻をつつく音、啄は親鳥が外から殻をつつく音の意。

桑年《そうねん》

48歳のこと。「桑」の異体字「桒」が、4つの「十」と1つの「八」で成り立っていることから。

知命《ちめい》

50歳のこと。『論語』で孔子が天から与えられた使命がわかった年齢としていることに因む。「五十にして天命を知る」。『礼記』では50歳を、髪が艾《もぐさ》のように白くなることから**艾年**《がいねん》という。

艾年

白秋《はくしゅう》

人間的な豊かさや深みを増す時期を秋に喩えた言葉。中年の後期。最近の言葉でいえば**熟年**《じゅくねん》。

熟年

倦怠期《けんたいき》

物事に飽きが来て、行為を起こしたり、関係を続けるのが億劫《おっくう》に感じられる時期。多くは夫婦の営みに関して用いられる。

厄年《やくどし》

陰陽道で災難が起こりやすいとしている年齢。数え年で、男性は25歳・42歳・61歳、女性は19歳・33歳・37歳。特に男性の42歳、女性の33歳は**大厄**《たいやく》と呼ばれ、その前年の**前厄**《まえやく》、次の年の**後厄**《あとやく》も含めて用心すべきとされる。

大厄　前厄　後厄

定年

一期一会

更年期《こうねんき》

女性の閉経時等、生理機能やホルモン分泌などに変化が生じ、心身ともに不調が続きやすい時期。一般的には45～55歳頃に訪れ、女性ほど顕著ではないが男性にも見られる。いわゆる「寄る**年波**《としなみ》」の第一波。

年波

耳順《じじゅん》

60歳のこと。『論語』で孔子が他人の言葉を素直に理解できるようになった年齢としていることに因む。「六十にして耳順《したが》う」。

老年

年波

白秋

還暦《かんれき》

生まれた年の干支が60年経って再度巡ってくる、数え61歳のこと。赤ちゃんに戻るとの意味合いで、赤いチャンチャンコを着せて祝う。**本卦還り**《ほんけがえ》とも。**華甲**《かこう》も「華」の字に「十」が6つと「一」があり、「甲」が干支の最初であることから、同じく数え61歳を指す。

本卦還り　華甲

定年《ていねん》

企業や官庁などで規定により退職や退官となる年齢のこと。元々は**停年**《ていねん》と書いたが、婉曲な印象にするため「定」の字に変わった。定年制はアメリカやイギリスにはない。また日本の天皇に定年はないが、ブータンの国王には定年がある。

停年

老年《ろうねん》

年を取り、老人となる時期。従来は還暦以降を指したが、平均寿命が大幅に延びた今日ではやや早すぎる感がある。類語に**老齢**《ろうれい》、**老境**《ろうきょう》、**高年**《こうねん》、**高齢**《こうれい》、**年配**《ねんぱい》など。老年の始まりの頃を**初老**《しょろう》というが、かつては40歳のことを指した。

老齢　老境　高年
高齢　年配　初老

セカンドライフ second life

定年後の人生を第二の人生と位置づけていう際の和製英語。そこから本来の自分の人生が始まると考えても構わない。一線を退き、何もせずに悠々自適に過ごすことは**隠居**《いんきょ》。暇を持て余す日々は**閑日月**《かんじつげつ》という。

隠居
閑日月

歳月

還暦

世代 せだい・せたい

親・子・孫と移り変わる代のこと。諸説あるが、おおよそ30年が一世代とみなされる。また同じような歴史や環境を体験し、似通った考え方、生活スタイルを持つ、近い年齢層にも用いる。英語では**ジェネレーション**（generation）。

ジェネレーション

人生 じんせい

人が生まれてから死ぬまでの間。またその間の生活。おおむね、ままならぬもの。類語に**生涯**《しょうがい》、**畢生**《ひっせい》、**終生**《しゅうせい》、**一世**《いっせい》、**一生**《いっしょう》など。一生は人間以外にも使う。存命中に人生を振り返る際などは、それまでの人生の意で**半生**《はんせい》ともいう。

生涯　畢生　終生　一世　一生　半生

星霜 せいそう

星は1年で天を1周し、霜は毎年降りるとの意から、降り積もる**としつき**（**歳月**《さいげつ》、**年月**《ねんげつ》）のことをいう。春と秋を重ねる**春秋**《しゅんじゅう》も同意。

としつき　歳月　年月　春秋

積年 せきねん

長い年月のこと。類語に**永年**《えいねん》、**多年**《たねん》、**長年**《ながねん》、**歴年**《れきねん》、**幾年**《いくとせ》など。

永年　多年　長年　歴年　幾年

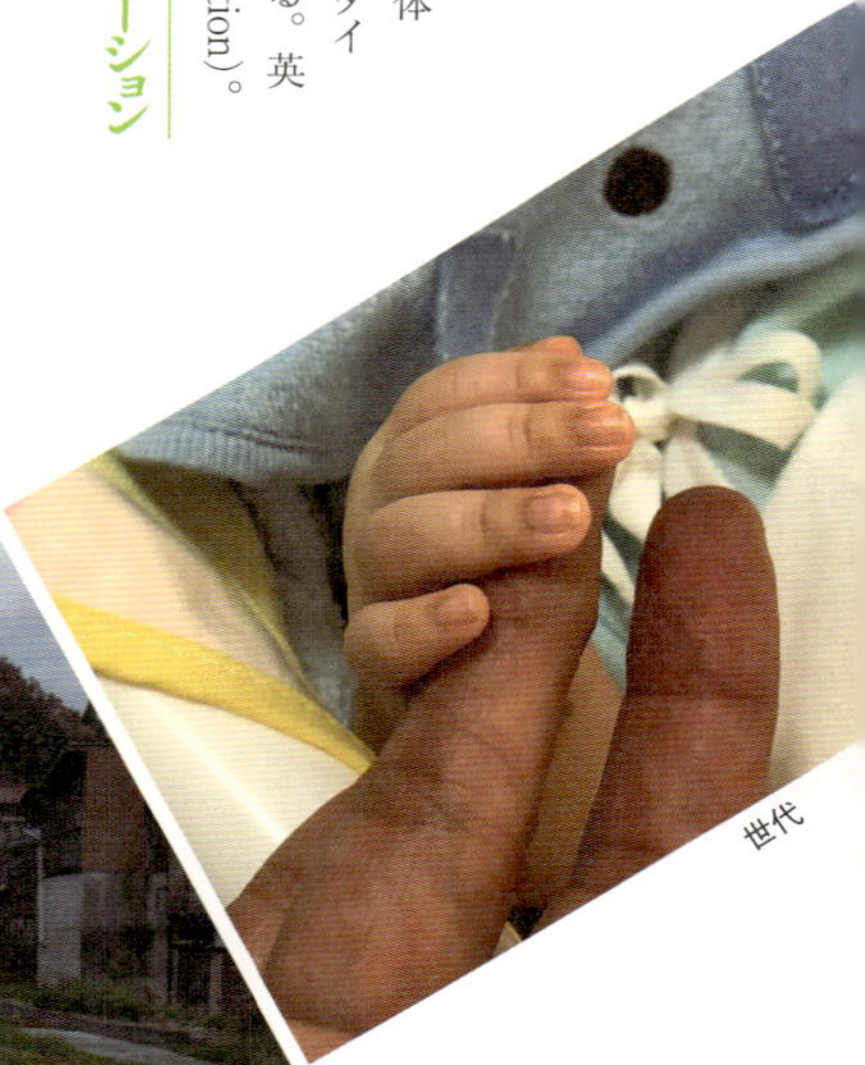

世代

余生

玄冬

年齢 ねんれい

これまで生きてきた年の数。**年歯**《ねんし》とも。雅語で**齢**《よわい》。**馬齢**《ばれい》は年齢を謙遜していう語。

年歯　齢　馬齢

余生 よせい

やるべきことを終えたあとの残り少ない人生。**老後**《ろうご》の生活。**残生**《ざんせい》とも。サッカー好きなら、**アディショナルタイム**（additional time）と呼ぶのもいいかもしれない。最期まで何があるかわからないが。

老後　残生　アディショナルタイム

玄冬 げんとう

人生の終盤を迎えようとする時期を冬に喩えた言葉。60代後半以降。その年代を主人公にした小説を、青春小説に対して玄冬小説と呼ぶこともある。

晩年《ばんねん》

その人が死に至るまでの数年間の人生。**末路**《まつろ》。存命中の他人に対して用いることはない。また若くして亡くなった場合にも使われない。しかし太宰治は、27歳の時に出版した初の創作集が最後の著書になると思い、『晩年』と名付けた。

末路

古稀《こき》

70歳のこと。杜甫《とほ》の詩の一節「人生七十古来稀《まれ》なり」による。

喜寿《きじゅ》

77歳のこと。「喜」の草書体「㐂」が「七十七」に見えることから。80歳のことは、「傘」の異体字「仐」が「八十」に見えることから**傘寿**《さんじゅ》という。

傘寿

米寿《べいじゅ》

88歳のこと。「米」の字を分けると「八」「十」「八」になることから。同様に「半」の字を分けると「八」「十」「一」となることから、81歳を**半寿**《はんじゅ》という。

半寿

卒寿《そつじゅ》

90歳のこと。「卒」の異体字「卆」が「九十」に見えることから。

白寿《はくじゅ》

99歳のこと。「百」の字から「一」を取ると「白」になるため。

カジマヤー

晩年

従心《じゅうしん》

70歳のこと。『論語』で孔子が思うままに行動しても人の道を踏み外さなくなった年齢としていることに因む。「七十にして心の欲する所に従えども矩《のり》をこえず」。『礼記』では70歳を、官職を辞す年齢として**致仕**《ちし》という。**懸車**《けんしゃ》も同意。

致仕　懸車

カジマヤー

沖縄では数え97歳の生年祝いをカジマヤーという。赤ん坊に戻る年齢とされ、風車《カジマヤー》を飾ったオープンカーでパレードをして集落を挙げて祝う。

寿命《じゅみょう》

人や生き物が生きている期間。またはあらかじめ想定される命の長さ。機器の耐用年数などにも用いる。
生物学者・本川達雄《もとかわたつお》の『ゾウの時間 ネズミの時間』によれば、哺乳類の寿命はその体のサイズに関係なく、心臓が約20億回の鼓動を打ち、約5億回の呼吸をする長さだという。

天寿《てんじゅ》

寿命とは天から授かったり、前世から定められたものだ、というニュアンスで使う言葉。**天命《てんめい》**、**定命《じょうみょう》**とも。

天命　定命

今わ《いまわ》

「今は限り」の略。つまり「今はもうこれ限り」の意で、**死《し》に際《ぎわ》**のこと。当て字で**今際**とも書く。**今《いま》わの際《きわ》**、**今《いま》わの時《とき》**、**今《いま》わの刻《きざ》み**、**今《いま》わの果《は》て**ともいう。

死に際　今際
今わの際　今わの時
今わの刻み　今わの果て

死期《しき》

命の終わりが迫った時期。死を覚悟した時。
死期が近づいてからの命の長さは**余命《よめい》**。

余命

臨終《りんじゅう》

命が尽き、息を引き取る瞬間。人生が終わる時。**最期《さいご》**、**終焉《しゅうえん》**。**末期《まつご》**ともいい、臨終を告げられた時には末期の水という死に水を故人の口に含ませる。蘇生を願いつつ、死後の世界での渇きを癒すための儀式である。

最期
終焉
末期

永眠《えいみん》

永遠の眠り。つまり人が亡くなること。
他にも、**往生《おうじょう》**、**他界《たかい》**、**辞世《じせい》**、**昇天《しょうてん》**など、死を婉曲的に表現する言葉は数多い。

往生
他界
辞世
昇天

今わ

通夜

通夜《つや・つうや》

葬儀までの間、故人の前に親族や知人が集まって行う法要。またその夜。法要後も何人かで亡骸《なきがら》に寄り添い、寝ずに過ごして故人を偲ぶ。これを**夜伽《よとぎ》**ともいう。

夜伽

弔い《とむらい》

死者を悼み、葬ること。**葬儀《そうぎ》**、**葬式《そうしき》**、**告別式《こくべつしき》**。
遺体を火葬場や埋葬地まで送ることは**葬送《そうそう》**、**野辺送《のべおく》り**。

葬儀
葬式
告別式
葬送
野辺送り

初七日《しょなのか・しょなぬか》

故人の死後、命日を含む7日目のこと。仏教では人が死んでから三途《さんず》の川に辿り着くまでの期間とされ、流れの緩やかな場所を渡れるよう祈り、法要を行う。一七日《いちしちにち》とも。近年は葬儀と同日に繰り上げ法要を行うことが多い。あの世の道も高速化されつつあるのかもしれない。

一七日

享年《きょうねん》

故人が亡くなった時の年齢。この世に生を享《う》けていた年数。**行年**《ぎょうねん》。

行年

四十九日《しじゅうくにち》

故人の死後49日目のこと。仏教では故人の来世での行き先が決まるとされる大事な法要の日。納骨を行う家も多い。**七七日**《なななのか》、**満中陰**《まんちゅういん》とも。この日までを**忌中**《きちゅう》といい、遺族は喪に服す。翌日からは**忌明け**《きあ》となり、遺族も日常生活に戻るべきとされる。

七七日
満中陰
忌中
忌明け

回忌

初七日

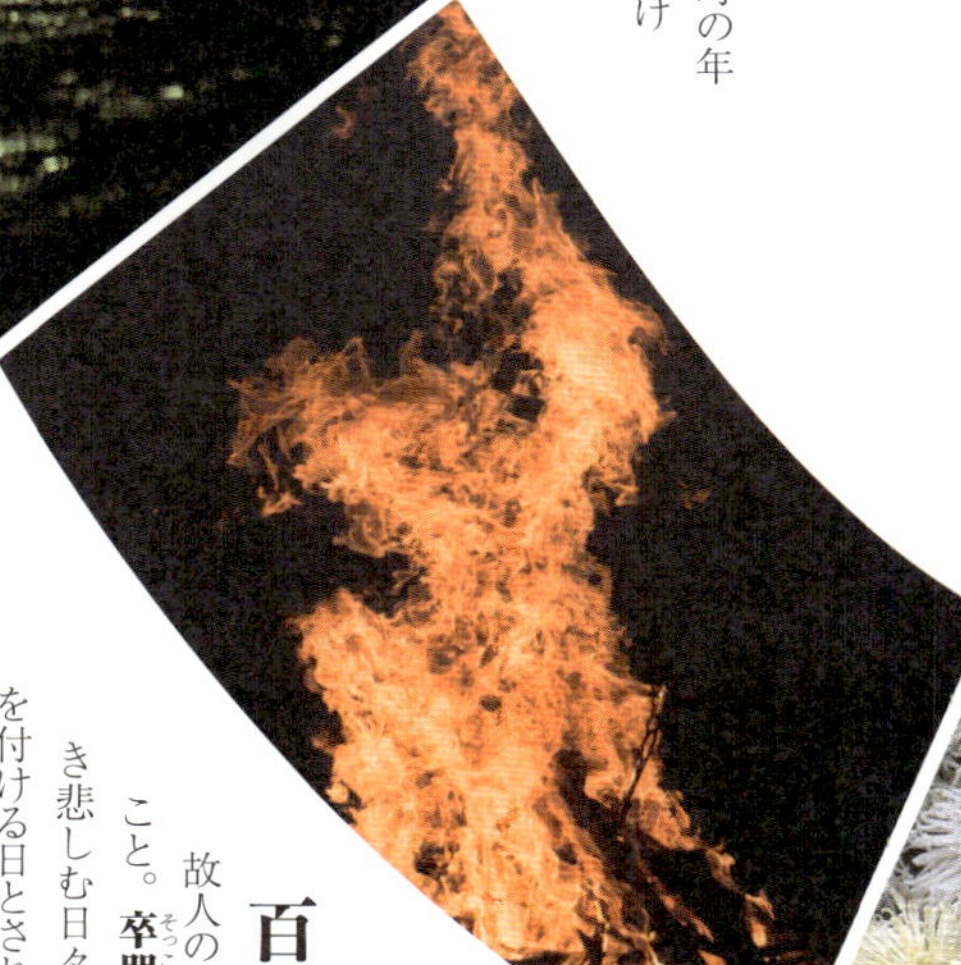

弔い

百箇日《ひゃっかにち》

故人の死後100日目のこと。**卒哭忌**《そっこくき》ともいい、泣き悲しむ日々に遺族が区切りを付ける日とされる。

卒哭忌

命日《めいにち》

毎月、毎年の故人が亡くなったのと同じ日にち。毎月の命日を**月命日**《つきめいにち》という。故人が亡くなった月は**祥月**《しょうつき》。その月の命日が**祥月命日**《しょうつきめいにち》で、一般にはこれを命日と呼んでいる。

月命日　祥月　祥月命日

回忌《かいき》

毎年巡ってくる祥月命日のこと。亡くなった翌年を一周忌といい、**年忌**《ねんき》、**周忌**《しゅうき》とも。満2年、つまり数え3年目を三回忌として、以降は数え年で称していく。三と七がつく回忌に大きな法要を行う。

年忌　周忌

人生

十月十日

VI いにしえの章

カンブリア紀

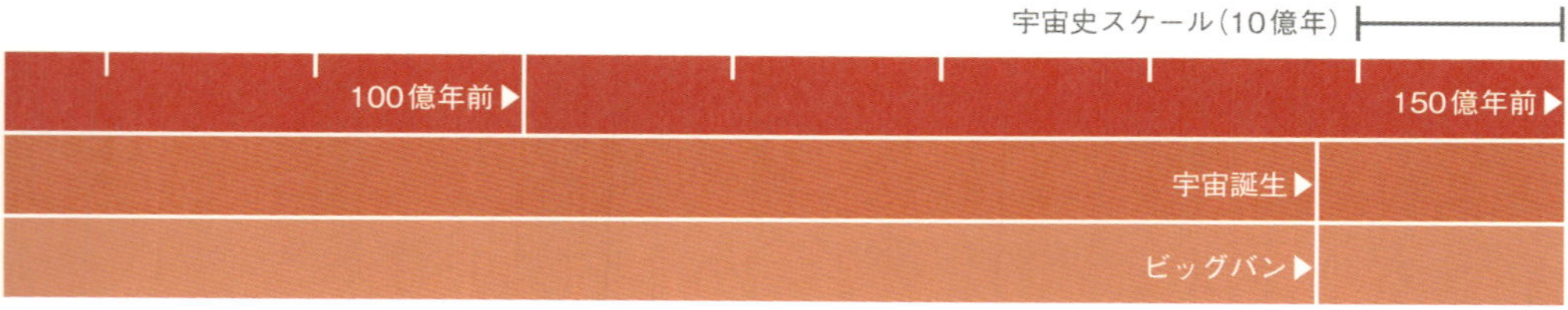

ビッグバン Big Bang

宇宙が生まれた時。またその時の大爆発ともいえる状態のこと。
宇宙誕生前は、なにもない「無」であった。その中に発生した超高温、超高密度の1点が急速に膨張し、同時に空間や時間や物質が生まれ、宇宙が始まったと考えられる。今から約138億年前のこと。

いにしえ　古

遠く過ぎ去った昔。漢字では**古**。「往《い》にし方《へ》」の意。一般には自分が存在するよりも何代も前のことを指す。

いにしへの奈良の都の八重桜けふ九重《ここのへ》に匂ひぬるかな（伊勢大輔《いせのたいふ》・詞花集）

昔 むかし　大昔　往古

遠い過去。自分が生まれる以前の伝承や記録、知識として知る過去に用いることもあれば、自分自身の記憶する過去を指すこともある。
大昔《おおむかし》は昔のさらに昔というニュアンスを、年代を特定させずに漠然と示す言葉。**往古**《おうこ》。

逢ひ見てののちの心にくらぶれば昔は物も思はざりけり（藤原敦忠《ふじわらのあつただ》・拾遺集）

昔々 むかしむかし　今は昔

大昔のこと。いつか定かでないほどの昔との意味合いで、お伽話《とぎばなし》などの語り出しに用いられる。**今**《いま》**は昔**《むかし》も同義で、「今となってはもう昔のことだが」の意。『今《こん》昔《じゃく》物語集』は各話がこの語で始まることによる通称。
映画『スター・ウォーズ』シリーズの冒頭も「昔々、遥か彼方の銀河系で……（A long time ago in a galaxy far, far away...）」で始まる。

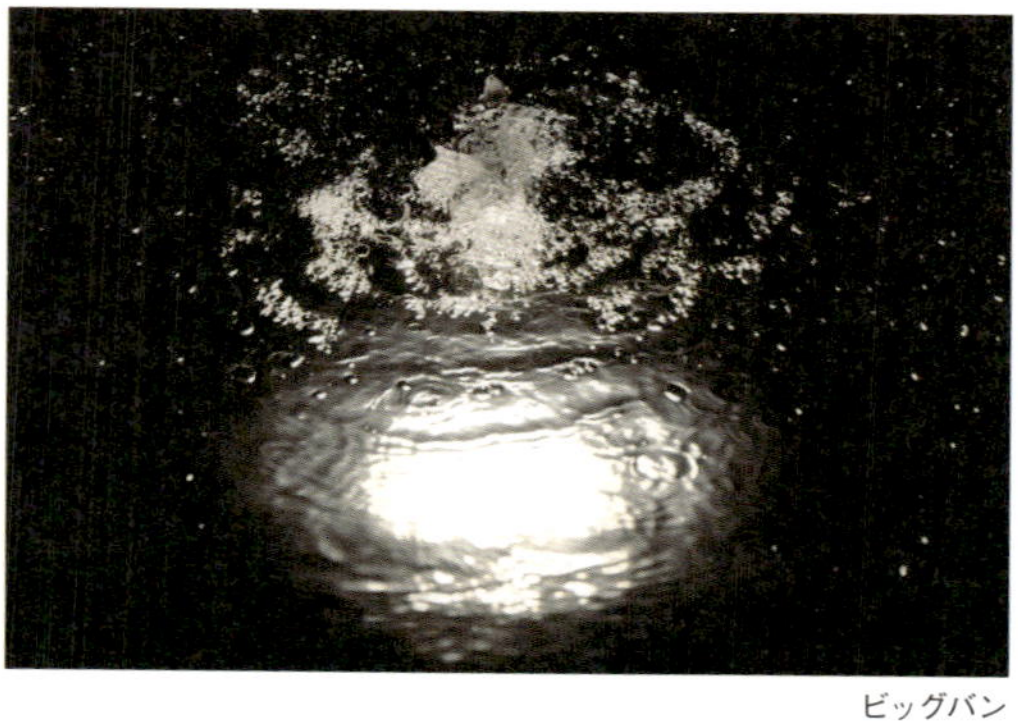

ビッグバン

クロノス Chronos

時間神の名。古代ギリシアで時間を神格化したもの。元々はギリシア語の一般名詞で、一定方向に流れる物理的な時間のことを意味した。**クロニクル**（chronicle／年代記）、**シンクロナイズ**（synchronize／同時にする）などの語は、このクロノスに由来する。

ギリシア神話でゼウスの父とされるクロノス（Kronos）は別神。

クロニクル　シンクロナイズ

カイロス Kairos

ギリシア神話のチャンスの神。前髪が長く、後頭部は禿《は》げた美少年とされ、「好機は逃すな」の意で使う「チャンスの神様には前髪しかない」という諺《ことわざ》は、このカイロスの風貌に基づく。

元々はギリシア語の一般名詞で、瞬間的な時刻や機会、また内面的な時間、相対的な時間を意味した。

ホーラ Hōra

ギリシア神話で時間や季節、また秩序や平和を司る三姉妹の女神。複数形では**ホーライ**（Hōrai）。英語の時間（hour）の語源。

ホーライ

神代 かみよ・じんだい

神話などで神々が治めていたとされる時代。**神世**《かみよ》とも書く。**神話時代**《しんわじだい》。

『古事記』『日本書紀』においては、初代天皇とされる神武天皇登場よりも前の時代のこと。**神世七代**《かみよななよ》は、天地開闢《てんちかいびゃく》の時、別天神《ことあまつかみ》に次いで現れた国之常立神《くにのとこたちのかみ》から伊邪那岐神《いざなぎのかみ》、伊邪那美神《いざなみのかみ》までの7代の時代をいう。

ちはやぶる神代も聞かず竜田川《たつたがは》からくれなゐに水くくるとは（在原業平《ありわらのなりひら》・古今集）

神世　神話時代　神世七代

月読 つくよみ・つきよみ

日本神話において天照大御神《あまてらすおおみかみ》の弟で、夜を統べる神とされる。月を神格化したもので、その名は月齢を数えることを意味するため、暦の神でもある。

月読の光は清く照らせれど惑へる心思ひあへなくに（作者未詳・万葉集）

浦島太郎 うらしまたろう

日本のお伽話の一つで、その主人公の名。原話は『万葉集』や『日本書紀』にも見られる。大筋は、漁師の浦島がウミガメを助けたところ、海中の龍宮へ招かれ歓待される。しかし数日して帰郷すると、地上では何百年もの時間が経過していた、というもの。

「カメは万年」というが、カメには人間とは異なる時間の尺度をイメージさせるものがあるのだろうか。

ミヒャエル・エンデの児童文学作品『モモ』でも、ヒロインの少女モモをマイスター・ホラ（時間を司る者の意）がいる時間の国へ導くのは、カメのカシオペイアだ。

地球史スケール（5億年）

30億年前▶ 40億年前▶ 50億年前▶

先カンブリア時代 地球誕生▶

太古代 冥王代

先カンブリア時代《せんカンブリアじだい》

地質時代区分で、地球が誕生した約46億年前から、古生代カンブリア紀の始まる約5億4100万年前までのこと。

かつてはこの時代については化石などの資料もなく、カンブリア紀以前としか言いようがなかったため、この名になった。しかし実際には約40億年にわたる長い時代で、地球史の90％近くを占める。**隠生代**《いんせいだい》とも。

隠生代

冥王代《めいおうだい》

先カンブリア時代は生物進化史から、冥王代、太古代、原生代の3つに分けられるが、そのもっとも古い時代。地球が誕生した約46億年前から、太古代の始まる約40億年前までを指す。

無数の隕石が落下し、約45億年前に月が誕生。当初の地球はマグマの塊だったが、やがて中心に核が形成され、表面に地殻と海が誕生していった時代。

太古代《たいこだい》

冥王代と原生代に挟まれた、約40億年前から約25億年前までのおよそ15億年間で、最古の岩石など、地球史を知る手がかりが残る時代。**始生代**《しせいだい》とも呼ばれる。

冥王代末から太古代初めに最古の生命が現れたとされ、約27億年前には光合成によって酸素を生み出すシアノバクテリアが誕生する。

太古代は古い順に、**原太古代**《げんたいこだい》、**古太古代**《こたいこだい》、**中太古代**《ちゅうたいこだい》、**新太古代**《しんたいこだい》の4期に区分される。

始生代　原太古代　古太古代

中太古代　新太古代

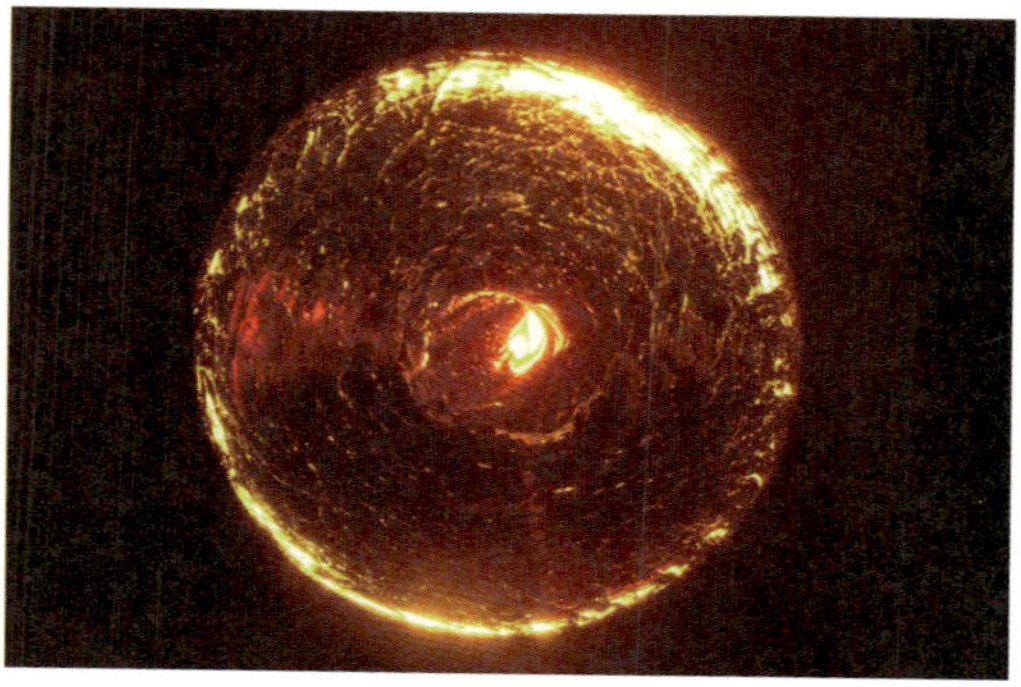

冥王代

P126・127

顕生代		先カンブリア時代
	古生代	原生代

太古《たいこ》

遥か遠い昔のこと。主に先史時代を指して用いられる。**千古《せんこ》**、**万古《ばんこ》**ともいうが、これらは一方で永遠の意にも使われる。

千古　万古

太古の祖先等は、出生と死――発生と更新の律動《リズム》を大きな宇宙の波動と感じて生活していたに違いありません。（宮本《みやもと》百合子《ゆりこ》／われを省みる）

原生代《げんせいだい》

約25億年前から約5億4100万年前までの先カンブリア時代の最後の時代。遺伝情報を持った細胞核のある真核単細胞生物が誕生し、多細胞生物へと発展していった。この時代には地球の表面全体が氷になるような氷期があり、それを乗り越えた後に生物は大きな進化を遂げた。前期・中期・後期に分かれ、それぞれを**古原生代《こげんせいだい》**、**中原生代《ちゅうげんせいだい》**、**新原生代《しんげんせいだい》**と呼ぶ。

古原生代　中原生代　新原生代

顕生代《けんせいだい》

先カンブリア時代に対して、古生代カンブリア紀以降の時代、つまり約5億4100万年前から現在までをいう。原生代に続く時代。肉眼で見られる生物やその化石が豊富に確認できる時代との意。顕生代は大きく分けると、古生代、中生代、新生代の3つに区分される。

古生代《こせいだい》

顕生代の最初の時代で、約5億4100万年前から中生代が始まる約2億5100万年前まで。海中を中心に生物が爆発的に増え、魚類が繁栄。やがて植物が地上に進出し、昆虫、両生類、爬虫《はちゅう》類が誕生する。古い時代から順に、カンブリア紀、オルドビス紀、シルル紀、デボン紀、石炭紀、ペルム紀に区分される。

古生代

生物史スケール(5000万年)

石炭紀	デボン紀	シルル紀	オルドビス紀	カンブリア紀	原生代
顕生代／古生代					先カンブリア時代
4億年前▶		5億年前▶			6億年前▶

カンブリア紀《カンブリアき》

古生代の第1紀。約5億4100万年前から約4億8800万年前までの期間。その名はこの時代の岩石が最初に発見されたウェールズ地方の古称カンブリアによる。

海中で生物の種類が一気に増えた時代で、これをカンブリア爆発という。三葉虫に代表される節足動物が繁栄し、藻類が発達。カンブリアモンスターと呼ばれる奇異な姿の生物も多く登場した。クラゲは当時の生物の生き残り。

オルドビス紀《オルドビスき》

古生代の第2紀。約4億8800万年前から約4億4300万年前までの期間。この時代を代表する地層があるウェールズの、古代ケルト系部族・オルドビスに因んでの命名。オウムガイやイカなどの軟体動物、ヒトデなどの棘皮《きょくひ》動物といった無脊椎動物が繁栄。末期には大量絶滅も起きた。

シルル紀《シルルき》

古生代の第3紀。約4億4300万年前から約4億1600万年前までの期間。この時代を代表する地層があるウェールズの、古代ケルト系部族・シルルに因んでの命名。**シルリア紀《き》**、**ゴトランド紀《き》**とも。

海中ではフデイシ類やサンゴ類が繁栄。生物が陸上へ進出を始めた時代。

シルリア紀　ゴトランド紀

デボン紀《デボンき》

古生代の第4紀。約4億1600万年前から約3億5900万年前までの期間。この時代を代表する地層があるイギリス南西部のデボン州に因む。

魚類が大きく進化した時代であり、アンモナイトもこの時代を代表する生物。陸上では森林や湿地帯が形成され、そこに昆虫や両生類も登場した。

石炭紀《せきたんき》

古生代の第5紀。約3億5900万年前から約2億9900万年前までの期間。文字通りこの時代の地層から多くの石炭を産することからの命名で、巨大なシダ類を中心に豊かな森林があった時代。

節足動物や昆虫が大型化し、翅《はね》で空を飛ぶ生物が初めて現れた。

ペルム紀《ペルムき》

古生代の最終紀。約2億9900万年前から約2億5100万年前までの期間。この時代の地層が多いロシアのウラル山脈西部にある都市、ペルミに因んだ命名。

以前は**二畳紀《にじょうき》**と呼ばれていた。

シダ類の他、ソテツやイチョウなどの裸子植物が繁栄し、巨大な両生類や爬虫類も生息した。

しかし末期に火山活動に起因すると思われる大量絶滅が起こり、地球上の生物種の90％以上が滅んだとされる。

二畳紀

◀現在

P130・131		◀1億年前	2億年前▶		3億年前▶	
顕生代／新生代		顕生代／中生代				
	古第三紀	白亜紀	ジュラ紀	三畳紀	ペルム紀	

中生代《ちゅうせいだい》

顕生代の中期で、約2億5100万年前から新生代が始まる約6600万年前まで。恐竜が登場し、繁栄し、絶滅した時代ともいえる。古い時代から順に、三畳紀、ジュラ紀、白亜紀の3つに分かれる。

三畳紀《さんじょうき》

中生代の第1紀。約2億5100万年前から約2億年前までの期間。その名は、南ドイツで発見されたこの紀の地層が、異なる3種の堆積《たいせき》層で形成されていたことによる。大型の爬虫類が増え、初期恐竜、ワニ、カメなどの他、海には魚竜も現れる。最初の哺乳類も三畳紀に登場する。

ジュラ紀《ジュラき》

中生代の第2紀。約2億年前から約1億4500万年前までの期間。アルプスの西方、スイスとフランスの国境にあるジュラ山脈に因んだ名。この時代を代表する恐竜にアロサウルス、イグアノドン、ステゴサウルス、また魚竜にイクチオサウルスなどがいる。小型の恐竜から鳥類の祖先・始祖鳥も現れる。

白亜紀《はくあき》

中生代の最後の紀。約1億4500万年前から約6600万年前までの期間。白亜とは未固結の石灰岩を指すチョークの意。恐竜の全盛期で、陸上ではティラノサウルスやトリケラトプスなどが闊歩《かっぽ》した。空にはプテラノドンなどの翼竜が舞い、海中をエラスモサウルスなどの首長竜が悠然と泳いでいた。しかしこの時代の終わり、彼らは突如絶滅する。

シルル紀

哺乳類史スケール（500万年）

4000万年前▶	5000万年前▶	6000万年前▶	7000万年前▶

新生代／古第三紀		中生代
始新世	暁新世	白亜紀

新生代《しんせいだい》

顕生代の後期で、約6600万年前から現在まで。絶滅した恐竜やアンモナイトに代わり、鳥類と哺乳類が繁栄した時代といえる。大きくは古い時代から順に、古第三紀、新第三紀、第四紀の3つに分かれ、現在は第四紀完新世に属する。

古第三紀《こだいさんき》

新生代の第1紀で、約6600万年前から次の新第三紀が始まる約2300万年前まで。大きくは、暁新世、始新世、漸新世の3つの時代に区分される。第三紀の名は、18世紀の地質学者が地質時代を、化石の出ない時代は第一紀、現生生物とは大きく異なる生物の化石が出る時代は第二紀、現生生物に似た生物の化石が出る時代は第三紀と定義したことの名残。トールキンによる小説世界上の架空の時代区分における第三紀は、『ホビットの冒険』『指輪物語』の舞台となる時代である。

暁新世《ぎょうしんせい》

古第三紀の前期。約6600万年前から約5600万年前まで。絶滅した恐竜やアンモナイトに代わって、鳥類や哺乳類が進化を始める。特に鳥類は、一部が地上性となって大型化し、肉食の恐鳥類が登場した。植物は被子植物が繁栄し、今に続く植物相を示すようになる。

始新世《ししんせい》

古第三紀の中期。約5600万年前から約3400万年前まで。大型の有孔虫や二枚貝が繁栄した時代。哺乳類は大型化し始め、ウマやゾウの祖先が登場した。

新生代

◀現在

↓P132・133

	1000万年前▶		2000万年前▶	3000万年前▶
新生代	新生代／新第三紀			
第四紀	鮮新世	◀猿人誕生　中新世		漸新世

漸新世《ぜんしんせい》

古第三紀の後期。約3400万年前から約2300万年前まで。海が大きく後退した時期で、北米とヨーロッパが分断された。またヒマラヤとアルプスで激しい造山運動が始まる。哺乳類の進化、大型化はさらに進み、全長8mの巨大なサイが登場する一方、小型の類人猿も出現する。

新第三紀《しんだいさんき》

新生代の第2紀で、約2300万年前から次の第四紀が始まる約258万年前まで。大きくは、中新世と鮮新世の2つの時代に区分される。

中新世《ちゅうしんせい》

新第三紀の前期。約2300万年前から約533万年前まで。この時代に日本列島はユーラシア大陸から分離する。類人猿がテナガザル科とヒト科に分岐したのも中新世。そしてヒト科のヒト亜科とオランウータン亜科への分岐が約1400万年前、ヒト亜科のヒト族とゴリラ族への分岐が約1000万年前、ヒト族のヒト亜族とチンパンジー亜族への分岐が約700万年前とそれぞれ推定されている。この約700万年前に初期の猿人・サヘラントロプス属が出現したと考えられる。

鮮新世《せんしんせい》

新第三紀の後期。約533万年前から約258万年前まで。直立二足歩行する人類の祖、猿人の時代。ラミダス猿人、ルーシーの名の化石で知られるアファール猿人、アフリカヌス猿人などがアフリカに登場した。地球の誕生から現在までの46億年を1年に換算すると、猿人の出現は12月31日夕刻の出来事である。

中新世

人類史スケール（10万年）

150万年前▶ 200万年前▶ 250万年前▶

第四紀／更新世

前期旧石器時代 原人登場▶

第四紀《だいよんき》

新生代の第3紀で、約258万年前から現在まで。大きくは、更新世と完新世の2つの時代に区分される。

更新世《こうしんせい》

洪積世

第四紀の前期で、現在の完新世の前の時代。約258万年前から約1万年前まで。今のところ第四紀の大部分を占める。氷期と間氷期を繰り返した時代。以前は**洪積世**《こうせきせい》と呼ばれていた。マンモスが繁栄し、滅びた時代。またヒト亜族からホモ属（ヒト属）が分岐し、大きく進化。約200万年前にアフリカで登場した最初の原人、ホモ・ハビリスに続き、アジアでもジャワ原人、北京原人、ホビットとも称される小型のフローレス原人などが現れる。これにネアンデルタール人に代表される旧人が続き、そしてついに約15万年前に現生人類である新人、ホモ・サピエンスが誕生する。地球の46億年の歴史を1年に当てはめると、12月31日午後11時43分頃のことである。一時は多様性を保っていたホモ属だが、更新世の終わりには他は絶滅し、残ったヒト亜族は我々ホモ・サピエンス1種のみ。

氷河時代《ひょうがじだい》

氷期　間氷期　氷河期

地球の気候が寒冷化し、長期間温度が低下した状態になる時代。両極地方に氷床が存在し、高山に氷河が発達する。

その氷河時代のうち、ことに寒冷化が激しく、氷床や氷河が拡大する時期を**氷期**《ひょうき》、そして氷期と氷期に挟まれた比較的温暖な期間は**間氷期**《かんぴょうき》という。現在は更新世から続く氷河時代の間氷期と考えられる。

氷期のことは**氷河期**《ひょうがき》とも呼ぶが、今は主に就職難などの比喩として用いられる。

氷河時代

◀現在

50万年前▶ 100万年前▶

←P136・137

◀第四紀／完新世　第四紀／更新世

後期旧石器時代　◀新人登場　中期旧石器時代　◀旧人登場

完新世《かんしんせい》

第四紀の後期で、地質学的にもっとも新しい時代。最終氷期の終わった約1万年前から始まった**後氷期**《こうひょうき》で、現在およびこの先しばらくの未来も含む。**現世**《げんせい》とも。以前は**沖積世**《ちゅうせきせい》と呼ばれていた。

ホモ・サピエンスが地球の至る所に拡散し、文明を築き、繁栄した時代。

後氷期　現世　沖積世

旧石器時代《きゅうせっきじだい》

人類が石を道具とする石器を使い始めた時代。約200万年前に始まり、地質時代における更新世と重なる。

原人がハンドアックス（握斧《あくふ》）を使っていた時代を**前期旧石器時代**《ぜんききゅうせっきじだい》、旧人が剝片《はくへん》石器を生み出した時代を**中期旧石器時代**《ちゅうききゅうせっきじだい》、新人が石刃を使って動物の骨や角、皮などを加工して道具とした時代を**後期旧石器時代**《こうききゅうせっきじだい》と区分する。

後期旧石器時代には洞窟《どうくつ》壁画が描かれたり、造形芸術も作るようになる。

前期旧石器時代　中期旧石器時代　後期旧石器時代

ドリームタイム Dreamtime

オーストラリアの先住民族・アボリジニの創世神話であると同時に、彼らの世界観であり、知恵の源泉。**ドリーミング**（Dreaming）とも。

アボリジニにとっては、彼らが先祖から伝承してきた物語は、太古の出来事ではなく、今なお生まれ、続いているもの。そこには過去・現在・未来という一般的な時間観念はない。先祖が精霊たちと過ごした時間は、今も常に彼らの傍らにあると考える。

ドリーミング

旧石器時代

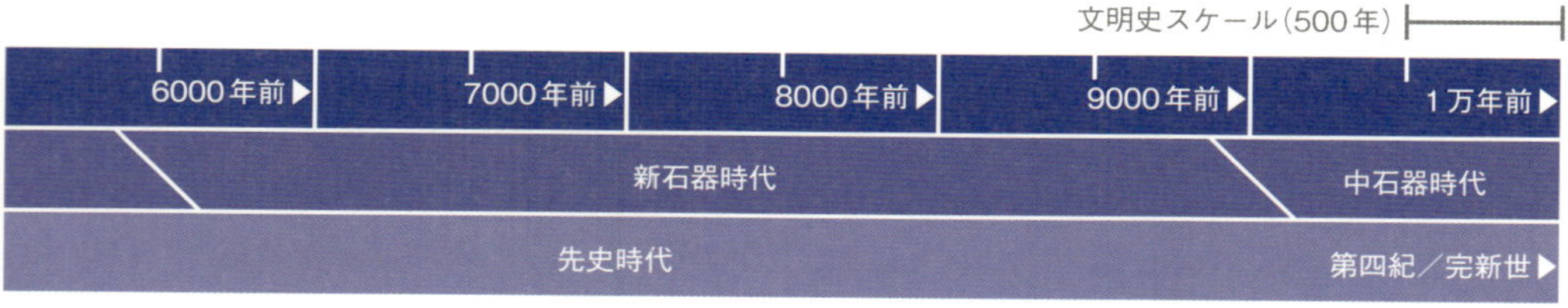

中石器時代《ちゅうせっきじだい》

旧石器時代と新石器時代の中間に当たり、**亜旧石器時代《あきゅうせっきじだい》**、**終末期旧石器時代《しゅうまつききゅうせっきじだい》**とも呼ばれる。旧石器時代同様に狩猟採集社会で、細石器の使用が特徴。更新世終期から完新世に入って農業が始まるまでの期間。

亜旧石器時代　終末期旧石器時代

新石器時代《しんせっきじだい》

完新世に入り、農耕が開始されて以降、金属器時代が始まるまでの石器時代の最後の時代。磨製石器の使用が特徴で、土器も作られるようになった。農耕や牧畜が始まったことで定住化が進み、集落や墓地が作られ、文明の萌芽が見られるようになった時代。

先史時代《せんしじだい》

人類が登場してから、文字を使用し始めるまでの時代。文献史料がなく、それによる歴史解明ができない時代。**石器時代《せっきじだい》**とほぼ重なる。文明が未開の時代の意として、**原始時代《げんしじだい》**ともいうが、正式な用語ではない。

石器時代　原始時代

青銅器時代《せいどうきじだい》

石器に代わって、銅と錫《すず》の合金である青銅を用いた武器や器具、装身具を使うようになった時代。各地の古代文明において、文字が発明された時期、国家が形成されるようになった時期と重なる。

紀元前3000年頃のメソポタミアに始まり、中国では殷《いん》や周の時代がこれに当たる。日本には弥生時代に青銅器と鉄器がほぼ同時に入ったため、単独の青銅器時代はない。

先史時代

◀現在

P138・139

1000年前▶ 2000年前▶ 3000年前▶ 4000年前▶ 5000年前▶

鉄器時代　青銅器時代

中世　◀紀元元年　古代

鉄器時代《てっきじだい》

青銅器に代わって、武器や農具として鉄器が使われるようになった時代。紀元前1500年頃に小アジアのヒッタイトが製鉄技術を確立したことに始まる。中国では春秋戦国時代から。

鉄器は農業の生産性と軍事力を大幅に高めた。これを背景に、各地に強力な統一王朝や帝国が誕生することとなる。

有史時代《ゆうしじだい》

人類が文字を使用し始めて以降の時代。文献史料が残り、それを元に歴史などを検証することができる時代。**歴史時代《れきしじだい》**ともいう。

歴史時代

古代《こだい》

有史以降の時代区分における最初の時代。おおむね文明成立から、封建制社会が確立するまでの時代を指す。原始無階級社会から階級社会へと移行する第1段階ともいえる。

西洋史では、エーゲ文明の始まりから西ローマ帝国の滅亡までを、中国史では、秦の成立から後漢の滅亡までを古代とすることが多い。

日本史では、奈良時代と平安時代、あるいは飛鳥時代、奈良時代、平安時代を指すのが一般的。また文学史では、飛鳥時代、奈良時代を**上代《じょうだい》**と呼ぶ。

上代

中世《ちゅうせい》

古代と近世の間を繋ぐ時代区分。おおむね封建制社会の時代を意味する。

西洋史では、西ローマ帝国の滅亡から東ローマ帝国の滅亡までとされる。

日本史では、鎌倉時代と室町時代を指すのが一般的だが、始期・終期ともに異説は多く、中世史観が見直されつつある。

古代

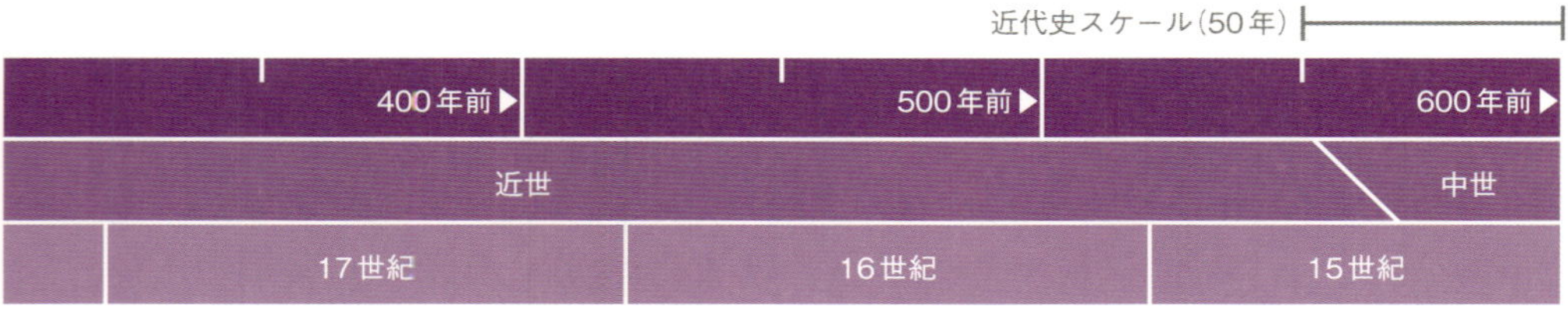

近世《きんせい》

かつては古代・中世・近代という3つの時代区分が使われていたが、今では近代を近世と近代に分け、近世を独立した時代区分として中世のあとに置くようになっている。

西洋史では絶対王政の確立していた時代として、ルネッサンスや宗教改革の時代から市民革命の起こる前までを近世とすることが多い。中国史では、明の末期から辛亥《しんがい》革命前まで。

日本史では後期封建社会の時代として、江戸時代、もしくは安土桃山時代と江戸時代を指すのが一般的。

近代《きんだい》

近世に続く時代区分で、封建制社会が崩壊し、資本主義社会、市民社会に移った時代を示す。

西洋史では、市民革命期から第一次世界大戦終結やロシア革命までを近代とする説が以前は多かった。中国史では辛亥革命から国共内戦終結まで。

日本史では、明治維新から太平洋戦争敗戦までを指す。

世紀《せいき》

100年を単位とする年代の区切り方。西暦の紀元元年（紀元1年）を起点とし、西暦100年までが1世紀。21世紀は、西暦2001年から2100年まで。紀元前についても同様に100年単位でさかのぼってカウントする。

また「世紀の発見」など、事象や事物を誇張して表現する際にも用いる。

俗に50年は**半世紀**《はんせいき》、25年は**四半世紀**《しはんせいき》と呼ばれる。

半世紀　四半世紀

世紀末《せいきまつ》

各世紀の終盤の10年ぐらいの意だが、特に19世紀末のヨーロッパにおける懐疑的で頽廃《たいはい》的な文化や思潮が現れた時期を指すことが多い。またそういう風潮を喩えて「世紀末的」ともいう。

エポック epoch

時代のこと。特にこれまでと時代を画する新しさを感じる時代、時期についていう。**新紀元**《しんきげん》。そのような画期的な出来事をエポックメイキングと表する。

1900年のパリ万博を挟んだ、1914年の第一次世界大戦勃発《ぼっぱつ》までの約25年をフランスでは**ベルエポック**（Belle Époque）、「美しき時代」と呼ぶ。アールヌーヴォーの流行を始め、大衆芸術が花開いた時代である。

これに対し、第一次世界大戦終結後の20年代アメリカのアールデコに彩られた享楽的文化の時代を、作家・フィッツジェラルドは**ジャズエイジ**（Jazz Age）と呼んだ。

新紀元
ベルエポック
ジャズエイジ

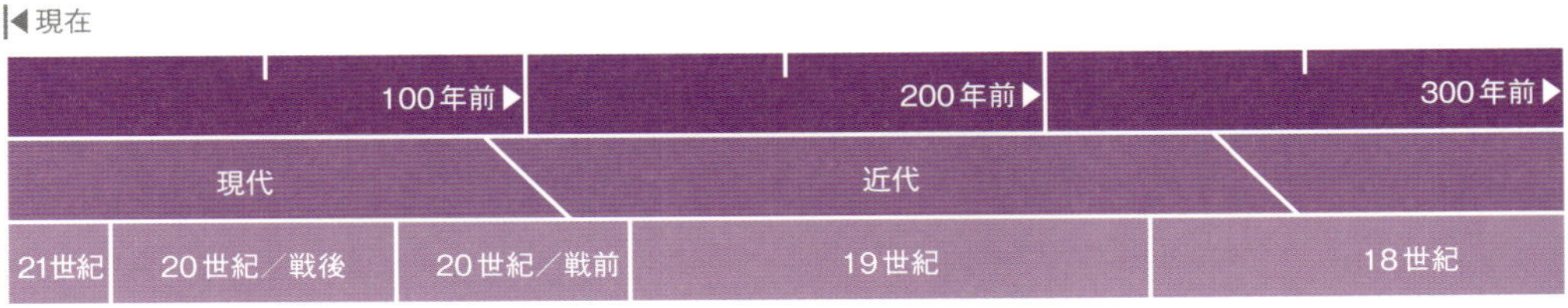

現代 げんだい

今の時代のこと。**当世**《とうせい》。歴史の時代区分では、近代に続く現在を含む時代。西洋史では、第一次世界大戦終結後、あるいは第二次世界大戦終結後、さらには東欧革命後と、さまざまな見方がある。日本史では、太平洋戦争敗戦後を指す。

当世

戦前 せんぜん

日本では日中戦争、太平洋戦争の始まる前の時代。もしくは、その戦争中も含めた1945年8月15日の終戦までを指す。**戦中**《せんちゅう》から見れば、戦争が起こる前の平和な時代。多くの人がまさか急にこんなことになるなどとは思っていなかった時代。また戦後から見れば、それとわからないうちに戦時体制に組み込まれていった時代。多くの人があの時なぜ抗することができなかったのだろうと後悔する時代。

多くの人が今度の戦争でだまされたという。みながみな口を揃えてだまされていたという。私の知っている範囲ではおれがだましたのだといった人間はまだ一人もいない。（伊丹万作《いたみまんさく》／戦争責任者の問題）

戦中

戦後 せんご

日本では1945年8月15日の太平洋戦争終戦以降の時代をいう。が、それがいつまでを指すかは、立場によって異なる。終戦直後の荒廃から脱し、「もはや戦後ではない」と経済白書に書かれた1956年とする者もいれば、昭和の終わりを区切りとする者もいる。また凄惨《せいさん》な地上戦で県民の4人に1人が命を落とし、今なお多くの米軍基地を抱え、不平等な日米地位協定に悩む沖縄では、明らかに戦後は終わっていない。

ちなみに京都では冗談半分、本気半分で今は応仁の乱の戦後だという。平和で安心に暮らせる戦後ならば、できるだけ長いに越したことはない。

年代 ねんだい

時の流れを一定の単位で区切ったもの。10年単位で区切ることが多く、西暦で1960年代と呼んだり、元号で昭和20年代などとして使う。

また同じ年齢層の意にも用いる。

ディケイド（decade）は、英語で10年間のこと。

ディケイド

ミレニアム millennium

千年を単位とする年代の区切り方。日本語では**千年紀**《せんねんき》と訳す。西暦の紀元元年（紀元1年）を起点とし、西暦1000年までが1千年紀、西暦1001年から2000年までが2千年紀。現在は2001年から始まった3千年紀（第3ミレニアム）である。

2000年代に成人や社会人になった世代は、ミレニアル世代と呼ばれている。

千年紀

21世紀 にじゅういっせいき

2001年から始まった**今世紀**《こんせいき》のこと。2100年まで続くが、その後に未来の人々はこの時代をどのように定義することになるのだろう。

今世紀

Ⅶ とこしえの章

時の名前
Page 140

永久《えいきゅう》

未来に向けていつまでも変わらずに続くこと。またその長い年月。ほぼ同義の永遠に比べると、物理的な時間感覚を伴う場合に使うことが多い。類語に**恒久**《こうきゅう》、**長久**《ちょうきゅう》、**永世**《えいせい》、**永代**《えいたい》、**永劫**《えいごう》など。

恒久　長久　永世
永代　永劫

永遠《えいえん》

限りなくいつまでもその状態が長く続くこと。永久よりも時間を超越したニュアンスがある。類語に**無限**《むげん》、**無窮**《むきゅう》など。

無限
無窮

とわ

永久、永遠の意の雅語。以前は**常**《とわ》の字を当てたが、近年は永久、永遠にルビを振って「とわ」と読ませることが多い。**とことわ**とも。

今にして人に甘ゆる心あり永久《とわ》に救われがたきわれかも（三《み》ケ《か》島《じま》葭《よし》子《こ》全歌集）

常　とことわ

とこしえ

永久、永遠の雅語で、現在は結婚式で多く用いられる。「常《とこ》し方《へ》」の意。さらに改まった表現に**とこしなえ**がある。

とこしなえ

千歳《ちとせ》

1000年のこと。また永遠ともいえる数え切れないほど長い年月を喩えていう。**千年**《ちとせ》とも書く。類語に**千載**《せんざい》、**千秋**《せんしゅう》など。

相見《あひ》ては千歳や去《い》ぬる否《いな》をかもわれや然《しか》思ふ君待ちかてに（作者不詳・万葉集）

同様に限りなく長い年代を**千代**《ちよ》、**八千代**《やちよ》、**万世**《ばんせい》、**万代**《よろずよ》などと表現する。

わが君は千代に八千代にさざれ石のいはほとなりて苔のむすまで（作者不詳・古今集）

「わが君」は歌を送った相手。長寿を祝った歌で、「君《きみ》が代《よ》」の原型になった。

千年　千載　千秋
千代　八千代
万世　万代

悠久《ゆうきゅう》

果てしなく長い年月のこと。どちらかというと過去について表現する時に用いることが多い。類語に**悠遠**《ゆうえん》、**久遠**《くおん》など。未来について言う際は**遼遠**《りょうえん》。

机を前にして二人の少年は坐っていた。ガラス窓の外には寒さうな山があった。話は杜絶え勝ちだった。時間がここでは悠久に流れてゐた。（原《はら》民《たみ》喜《き》／比喩）

悠遠　久遠　遼遠

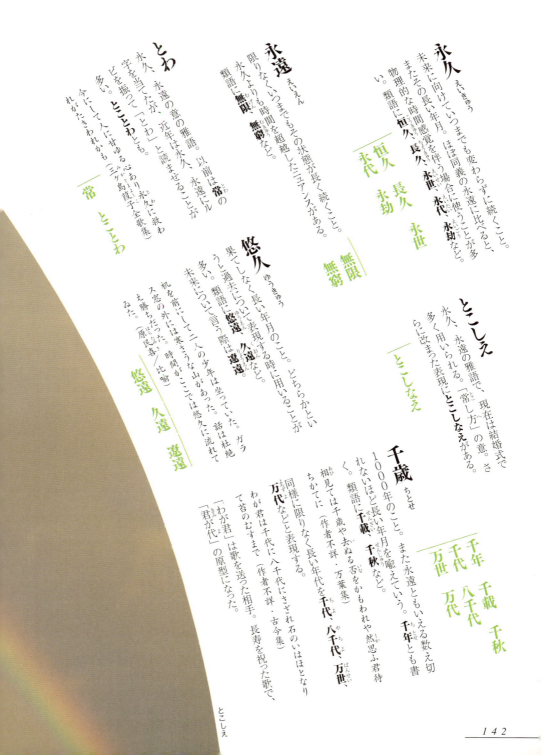

現在《げんざい》

時間の流れを過去・現在・未来の3つに区分する際の一つ。過去と未来をつなぐ、今を含む時間帯。しかし時間を直線的に過去から現在を経て、未来へ進むものとみなすのは、現代社会の考えである。むしろ長い人類史においては、季節の巡りのように円環したり、昼と夜、生と死などの現象の間を反復・振動するものというのが、本来の時間観であった。そのため民族によっては、過去・現在・未来に直接相当する言葉がない場合もある。
また自然と人間を一体化した視点を持つ先住民族のいくつかは、過去の事象は常に現在において繰り返されており、未来の事象はすべて現在に含まれていると考えるので、時間という観念そのものがない。

過去《かこ》

時間の流れを過去・現在・未来の3つに区分する際の、過ぎ去った時間帯のこと。遠い昔のことから、過ぎたばかりのことまでを指す。類語に**来《こ》し方《かた》**、**往時《おうじ》**、**往年《おうねん》**、**昔日《せきじつ》**、**旧時《きゅうじ》**、**以前《いぜん》**など。

来し方より今の世までも絶《たえ》せぬ物は恋と言へる曲物《くせもの》(作者不詳・閑吟集《かんぎんしゅう》)

来し方　往時　往年　昔日　旧時　以前

未来《みらい》

時間の流れを過去・現在・未来の3つに区分する際の、現在から先のこれから来る時間帯のこと。**将来《しょうらい》**はやや近い先で、具体的な内容を示す際に用いる。他の類語に**行《ゆ》く末《すえ》**、**先行《さきゆ》き**、**今後《こんご》**、**以降《いこう》**など。
なお、アフリカの諸部族の伝統的な時間意識においては、未来は現在の延長上にある数ケ月先までで、それ以降の遠い未来は存在しないという。

忘れじのゆく末まではかたければ今日を限りの命ともがな(高階《たかしなの》貴子《きし》・新古今集)

将来　行く末　先行き　今後　以降

来し方、行く末

今《いま》 ｜目下　ただ今

過去と未来を結び続けるこの瞬間。現在。「今帰ったところ」「今行きます」など、現在に隣接する近過去や近未来を表現する際にも使う。また「今の流行」など、現代、当世の意にも用いる。類語に**目下**《もっか》など。**ただ今**《いま》は、たった今の意。あるいは今の改まった表現。「ただ今戻りました」の略として帰宅時の挨拶にも使う。

古今《ここん》 ｜今昔

昔と今。昔から今まで。**今昔**《こんじゃく》は昔と今を比較する際に用いる。

束の間《つかのま》

ほんのちょっとの間。しばらくの時間。束は手を握った時の指4本分の長さをいう。

夏野行く小鹿《をしか》の角《つの》の束の間も妹《いも》が心を忘れて思へや
（柿本人麻呂・万葉集）

須臾《しゅゆ》

ほんのしばらくの時間を表す仏教用語。「昼夜の30分の1」。一瞬の意にも用いられる。

刹那《せつな》 ｜劫

ごくわずかな時間。元々は仏教での時間の単位で、指をひとはじきする間に、65刹那あるとされ、75分の1秒ほどを指すという。スナップ写真を撮る時の普通のシャッタースピードぐらいの感覚だろうか。刹那の対語となる、仏教で極めて長い時間の単位は**劫**《こう》という。

最中《さいちゅう・さなか》 ｜真っ只中　もなか

動作や状態が一番盛んな時。さらに強調する際には、真っ最中、**真っ只中**《まただなか》などという。**最中**《もなか》とも読めるが、今は和菓子の名として使う場合が多い。

咄嗟《とっさ》

ごくわずかな時間。切迫した状況や、反射的な行動について表現する時に用いる。「咄」も「嗟」も舌打ちの音、あるいは驚いたり嘆いたりした時に発する声を表す語。

玉響《たまゆら》

ほんのわずかの儚い時間を表す古語。玉が触れあって出すかすかな音から転じた。

一瞬《いっしゅん》 ｜瞬く間　瞬間　瞬時

瞬《まはた》きを一回するぐらいのほんのわずかな時間のこと。**瞬く間**《まただきま》、**瞬間**《しゅんかん》、**瞬時**《しゅんじ》。

光陰《こういん》

「光」は日、「陰」は月の意で、月日のこと。時間の流れの速さを喩えて、「光陰矢の如し」という。

合間
間合い

間《ま》

何かをする時間と、次の何かをする時間に挟まれた途中の時間。時間の切れ目。合間《あいま》。また音楽や踊りなどでリズムを生む要素やリズム感自体をいう他、芝居や演芸においてはセリフを効果的に演出するための**間《ま》合《あ》い**、タイミングを指す。この間がうまく使えないと、「間《ま》抜《ぬ》け」と呼ばれる。この語は空間についても使われるが、時間や空間の間《ま》こそ、日本人の美意識を支える大きな特徴の一つである。

百代の過客《はくたいのかかく・ひゃくだいのかかく》

月日は百代の過客にして、行きかふ年もまた旅人なり。（松尾芭蕉／おくのほそ道）

永遠に歩き続ける旅人の意で、年月、時間の比喩。松尾芭蕉の『おくのほそ道』の書き出しで知られるが、李白《りはく》の『春夜 桃李園に宴するの序』を典拠としている。

刹那

涅槃

現世 げんせ

今、生きているこの世、この時代。雅語で現《うつ》し世《よ》とも。仏教用語では現世《げんぜ》と読む。前世、来世と合わせた三世《さんぜ》の一つ。

—現し世　げんぜ　三世

来世 らいせ

仏教用語の三世の一つで、死後に生まれ変わる世。また、そこでの身分や人生のこと。後世《ごせ》ともいうが、後世《こうせい》と読む場合は、後の時代の意。

—後世　こうせい

前世 ぜんせ・ぜんせい

輪廻

仏教用語の三世の一つで、この世に生まれる前に生きていた世。また、そこでの身分や生涯のこと。先世《せんせ》、過去世《かこぜ》、過去生《かこしょう》とも。占いやセラピーとして前世を告げるものがあるが、それが正しいと判断できる第三者は現世にはいない。

—先世　過去世　過去生

憂き世 うきよ

現世を無常で儚いものとみなして呼ぶ語。同意で仮《かり》の世《よ》とも。浮《う》き世《よ》は、憂き世と漢語の浮世《ふせい》の混成語。現世を汚れたものとみなす語に濁世《じょくせ》がある。

心にもあらで憂き世に長らへば恋しかるべき夜半の月かな

（三条《さんじょう》天皇・後拾遺集）

—仮の世　浮き世　浮世　濁世

今生 こんじょう

今この世で生きている時間のこと。その対語として、前世での生涯を**前生**《ぜんしょう》、来世で生まれ変わった時の生を**後生**《ごしょう》という。

前生　後生

他生 たしょう

今生から見て、前生、あるいは後生のこと。これに対して、動物や人間などとして何度も生まれ変わることは**多生**《たしょう》と書く。諺で、袖を触れ合う際に感じるのは、この多生の縁のほう。

多生

涅槃 ねはん

仏教で悟りを開いて、迷いのない境地に入ること。またその境地。釈迦の入滅のこともいう。
ニルヴァーナ（nirvāna）。

ニルヴァーナ

輪廻 りんね

インド思想や仏教において、生き物が何度も生まれては死に、また生まれ変わるという**転生**《てんせい》を繰り返し、迷いの世界を巡り続けること。その繰り返しから脱し、煩悩のない世界に到達することを**解脱**《げだつ》という。
転生は英語で**リインカネーション**（reincarnation）。

転生　解脱
リインカネーション

終末 しゅうまつ

物事の終わり。また人生の終わりのこともいう。ユダヤ教、キリスト教、イスラム教では世界の終わり、人類滅亡の時を指し、神によって最後の審判が下されるとする。そのためこれらの宗教における時間観は、天地創造という始点と、最後の審判という終点で区切られる。

末世 まっせ

仏教で仏法の衰えた時代のこと。**末法**《まっぽう》**の世**《よ》。転じて、道義が守られず、人心が荒廃する「世も末」の状態をいう。日本では平安時代末期の世相が民衆に末世の不安を煽り、これを克服するため、法然《ほうねん》、親鸞《しんらん》、日蓮《にちれん》らが鎌倉仏教を興した。

末法の世

弥勒世 ミルクユー

沖縄の民俗信仰において、海の彼方からやって来る来訪神・弥勒神《ミルクがみ》がもたらすとされる豊穣の世のこと。

弥勒世よ願て揃りたる人たと戦場の跡に松よ植ゑたん（明仁《あきひと》上皇）

デジャヴ

ミリ秒《みりびょう》

時間の単位。msと表記し、1ミリ秒は1000分の1秒に当たる。また1ミリ秒は1000マイクロ秒。

マイクロ秒《まいくろびょう》

時間の単位。μsと表記し、1マイクロ秒は100万分の1秒、1000分の1ミリ秒に当たる。また1マイクロ秒は1000ナノ秒。

ナノ秒《なのびょう》

時間の単位。nsと表記し、1ナノ秒は10億分の1秒、1000分の1マイクロ秒に当たる。また1ナノ秒は1000**ピコ秒《びょう》**。電気通信や電子工学で使われる単位。光は1ナノ秒に約1フィート進むため、1ナノ秒を1**光《こう》フィート**と呼ぶこともある。

ピコ秒

光フィート

光秒《こうびょう》

時間の単位ではなく、天文学における距離の単位。光が1秒間に進む距離を1光秒とする。1光秒はおよそ3億mで、地球を7・5周する距離。正確には299,792,458 m。ちなみにこのことから現在1mは、299,792,458分の1秒に光が真空内を伝わる長さと定義されている。したがって光の速度、つまり**光速《こうそく》**とは、299,792,458m/sのことである。

光速

十二進法《じゅうにしんほう》

12個を1ダース、12インチを1フィートとするなど、12を基数として位を上げていく記数法。現在の記数法はほぼ十進法だが、時間については、12ヶ月、12時間、24時間などの十二進法が用いられている。

これは古代バビロニアにおいて、円を均等に分割する際、半径の長さを1辺とする正三角形を6個作り、そのそれぞれを半分にして12等分したことに始まる。この分割方法を、円環的に繰り返される1年や1日という時間に応用したもの。

また、1年に月の満ち欠けの周期が12回あることから十二進法が生まれたとする説もある。

六十進法《ろくじっしんほう》

古代バビロニアで用いられた、60を基数として位を上げていく記数法。60は1から100の数字の中でもっとも約数が多く、分割しやすい数字。60秒を1分、60分を1時間としたのもこれによる。

1秒より短い時間が十進法なのは、それを必要とする現代社会が、すでに十進法中心であるため。

フランス革命暦《ふらんすかくめいれき》

グレゴリオ暦1793年にフランス革命政府が制定した暦法。**共和暦《きょうわれき》**とも。

歴史上唯一、十進法の時間単位を採用した暦法で、1週間を10日、1日を10時間、1時間を100分、1分を100秒とした。当然国民には大不評で、ナポレオンによってグレゴリオ暦1805年末日で廃止された。

共和暦

思い出　おもいで

人生で過去に経験した、今も忘れがたい時間のこと。またその内容。想《おも》い出《で》とも書く。思《おも》い出《で》に耽《ふけ》る時間を指す言葉、あるいは思い出の同義語として、**追憶**《ついおく》、**追想**《ついそう》、**回想**《かいそう》、**回顧**《かいこ》、**懐古**《かいこ》などがある。

手套《てぶくろ》を脱ぐ手ふと休《や》む何やらむこころかすめし思ひ出のあり（石川《いしかわ》啄木《たくぼく》／一握の砂）

想い出　追憶　回想　追想　回顧　懐古

ノスタルジア　nostalgia

異郷から故郷を懐かしむこと。**郷愁**《きょうしゅう》、**望郷**《ぼうきょう》。また過ぎ去った過去を懐かしむこと。**追懐**《ついかい》、**懐旧**《かいきゅう》。フランス語から**ノスタルジー**（nostalgie）とも。

時には自分の過去と直接関係ない土地や時間についても、この感情に囚われることがある。それは遺伝子が持つ先祖の記憶からだろうか？　あるいは前世の思い出からだろうか？

郷愁　望郷　追懐　懐旧　ノスタルジー

記憶　きおく

脳内や体内に残されていて、意識的に、もしくは無意識に再生できるさまざまな情報や感覚。自分が生きてきたすべての時間のうち、未だ消去されていない時間の断片やその蓄積。

記憶を思い出すことを**想起**《そうき》、想起できなくなることは**忘却**《ぼうきゃく》という。

記憶をたとへてみれば／記憶は雪のふるやうなもので／しづかに生活の過去につもるうれしさ。（萩原《はぎわら》朔太郎《さくたろう》／記憶）

想起　忘却

時光　じこう

中国語で時の流れのこと。懐かしむべき時間のニュアンスで使われる。侯孝賢《ホウシャオシェン》監督の映画『珈琲《コーヒー》時光《じこう》』のタイトルでも知られるが、台湾では古民家などをリノベーションした店の屋号にこの語を冠することが多い。

メモリー　memory

英語で記憶や思い出のこと。現在では日常的には、電子機器における記憶媒体、記憶領域の意として使われる。

デジャヴ déjà vu

過去に見たことのない光景、経験したことのない体験なのに、なぜか知っている、体験したことがあるような実感を伴って感じること。フランス語で「既に見た」の意。日本語では**既視感**《きしかん》。フロイトは既に見た夢と考えた。脳の記憶メカニズムで起こる錯覚との説があるが、原因ははっきりしない。

既視感

シンクロニシティ synchronicity

ユングが提唱した深層心理学の概念で、互いに無関係な2つ以上の事象が同時に起き、意味的関連のある偶然の一致を示すこと。**共時性**《きょうじせい》。日本で「虫の知らせ」と呼ばれる現象などもその例。

共時性

カルペディエム carpe diem

ラテン語で「その日（の花）を摘め」の意で、紀元前一世紀の古代ローマの詩人、ホラティウスの詩に登場する言葉。「今日この時を楽しみ、大切に生きよ。明日など当てにできない」と説いている。この言葉を深く理解するには、ロビン・ウィリアムズ主演の映画『いまを生きる』がお薦め。

ジャメヴ jamais vu

デジャヴの反対に、すでに見たり経験していることなのに、なぜかまったく初めて見る、初めて経験するように感じること。**未視感**《みしかん》。たとえば使い慣れた漢字が急に不思議な造形に思えるような現象。似た意で**ヴジャデ**（vu ja dé）との造語もある。多くはよく知っていることを新鮮に感じることで、自己啓発的な文脈で使われる。

未視感　ヴジャデ

サウダージ saudade

ポルトガル語独自の懐かしさを表現する言葉。ポルトガル本国での発音は、**サウダーデ**と表記される。ノスタルジアに加えて、過去に感じたあこがれや愛しさ、またその時間に戻れない切なさなど、多様な思いが入り混じった感情。ポルトガルでは民俗歌謡・ファドの重要なテーマであり、ブラジルにおいてはボサノヴァを特徴付ける感性となっている。

サウダーデ

メメントモリ memento mori

ラテン語で「死を想え」の意。「誰もがいつかは必ず死ぬということを忘れるな」と説く。古代においてはカルペディエム同様に「今を楽しめ」との解釈で捉えられていたが、中世に警句的なニュアンスが強まった。

タイムパラドックス time paradox

時間の逆説を意味するSF用語で、タイムトラベルを行った結果、現在と過去、あるいは現在と未来の状況において、矛盾や因果関係の不一致が生じること。著名な例としては、自分が誕生する以前の過去において、後に親となる人物を殺すとどうなるかと問うものがある。

タイムマシン time machine

タイムトラベルをするために使う乗り物や装置。1895年にイギリスの作家、H·G·ウェルズが発表した『タイム・マシン』によって広まった名称。映画『バック・トゥ・ザ・フューチャー』のデロリアンを連想する人も多いだろう。

タイムトラベル time travel

SFやファンタジーの分野において、通常の時間の流れから逸脱し、過去、もしくは未来と行き来すること。**時間旅行**《じかんりょこう》。和製英語で**タイムトリップ**（time trip）とも。類語で**タイムワープ**（time warp）は時空の歪みを利用して移動するもの。**タイムスリップ**（time slip）は偶発的な要因により時空を滑る意の和製英語。**タイムリープ**（time leap）は時間跳躍の意の和製英語で、自分の人生の過去や未来へ移動すること。

時間旅行
タイムトリップ
タイムワープ
タイムスリップ
タイムリープ

パラレルワールド parallel world

SFやファンタジーの分野において、現実の世界や時間の流れとは別に、それに平行するようにして存在する他の世界や時間の流れをいう。

タイムカプセル time capsule

その時代や年代を象徴する物品や書類、思い出の品などを容器に入れて密封し、地中や施設などに保存したもの。一定の期間を経て開封することを目的とする場合と、不確定な未来に不確定な者による発掘を期待する場合がある。

4分33秒《よんぷんさんじゅうさんびょう》

アメリカの現代音楽家、ジョン・ケージが1952年に発表した現代音楽の楽曲の通称。3楽章からなり、楽譜には各章とも「比較的長い間の休み」（TACET）とだけ記されていて、聴衆は4分33秒間の無音を聞く。

半減期《はんげんき》

放射性元素が崩壊し、原子の数が半数になるまでの期間。つまり放射線の強さが半分に弱まるまでの期間。ヨウ素131は約8日、セシウム137は約30年、プルトニウム239は約2.4万年。

パラレルワールド

光年《こうねん》

時間の単位ではなく、天文学における距離の単位。光が1年間に進む距離を1光年とする。1光年は約9.5兆㎞。

時空《じくう》

時間と空間。時間と空間が融合したもの。

四次元《よじげん》

次元が4であること。一般的には、線である一次元、面である二次元、立体・空間である三次元に、4つ目の次元として時間をまとめたもの。アインシュタインの特殊相対性理論における時空世界。すなわちこの宇宙。

『時の名前』索引

◉ここでは、個々に解説を設けて紹介した項目名の他に、巻頭に掲載した副詞等や、解説文中に太字で記した言葉も取り上げています。

◉項目名として紹介した言葉は橙色の文字で、解説文中に登場する言葉に関しては緑色の文字で表記しました。

【あ】

合間 あいま……147
青二才 あおにさい……103
暁 あかつき……13
明時 あかとき……13
暁降ち あかときくたち……30
秋 あき……68
秋口 あきぐち……68
秋の末 あきのすえ……70
亜旧石器時代 あきゅうせっきじだい……136
悪日 あくにち……81
明くる日 あくるひ……42
明け あけ……13
明け方 あけがた……13
曙 あけぼの……14
明け六つ あけむつ……15
アコークロー……23
朝 あさ……15
朝明け あさあけ……13
朝一番 あさいちばん……15
朝方 あさがた……15
明後日 あさって……40
朝っぱら あさっぱら……15
朝のうち あさのうち……15
朝晩 あさばん……15
朝ぼらけ あさぼらけ……14
朝まだき あさまだき……30
朝夕 あさゆう……15
朝 あした……15
明日 あした……40
明日 あす……40
明日明後日 あすあさって……42
アディショナルタイム……112
後厄 あとやく……108
アラサー……107
新玉 あらたま……56
荒玉 あらたま……56
アラフィフ……107
アラフォー……107
有明 ありあけ……30
安息日 あんそくにち……53
安息日 あんそくび……53
安定期 あんていき……100

【い】

イースター……62
いきなり……4
幾年 いくとせ……112
憩い いこい……51
以降 いこう……144
十六夜 いざよい……45
イスラム暦 イスラムれき……83
いずれ……8
以前 いぜん……144
五十路 いそじ……107
一期 いちご……108
一期一会 いちごいちえ……108
一時 いちじ……46
一時間 いちじかん……81
一七日 いちしちにち……115
一日 いちじつ……83
一日千秋 いちじつせんしゅう……83
一時 いちどき……46
一日 いちにち……83
一日中 いちにちじゅう……19
一年 いちねん……85
一秒 いちびょう……79
一粒万倍日 いちりゅうまんばいび……81
一両日 いちりょうじつ……42
一六日 いちろくび……38
いつか……6
五日 いつか……34
一ヶ月 いっかげつ……83
一刻 いっこく……47
一昨日 いっさくじつ……40
いつしか……8
一週間 いっしゅうかん……48
一瞬 いっしゅん……146
一生 いっしょう……112
一世 いっせい……112
一朝一夕 いっちょういっせき……15
一時 いっとき……46
一刻 いっとき……47
一服 いっぷく……51
一分 いっぷん……79
いつまでも……2
いつも……2
乙夜 いつや……28
移動祝祭日 いどうしゅくさいじつ……62
暇 いとま……51
いなのめ……15
いにしえ……120
古 いにしえ……120
戌の日 いぬのひ……100
亥の子 いのこ……41

今　いま……146
いまさら……8
今し方　いましがた……47
いまだ……6
今は昔　いまはむかし……120
今わ　いまわ……114
今際　いまわ……114
今わの刻み　いまわのきざみ……114
今わの際　いまわのきわ……114
今わの時　いまわのとき……114
今わの果て　いまわのはて……114
入相　いりあい……20
入相　いりやい……20
隠居　いんきょ……109
隠生代　いんせいだい……124
陰暦　いんれき……83

【う】

ウィークエンド……53
ウィークデー……49
ウェヌスの日　ウェヌスのひ……52
雨季　うき……66
憂き世　うきよ……150
浮き世　うきよ……150
牛時計　うしどけい……79
丑の刻　うしのこく……13
丑三つ時　うしみつどき……28
ヴジャデ……155
雨水　うすい……88
卯月　うづき……37
卯木月　うつぎづき……37
現し世　うつしよ……150
卯の花月　うのはなづき……37
産み月　うみづき……100
海の日　うみのひ……68
浦島太郎　うらしまたろう……121
盂蘭盆会　うらぼんえ……68
うりずん……61
閏月　うるうづき……83
閏年　うるうどし……85
閏日　うるうび……85
閏秒　うるうびょう……79

【え】

永遠　えいえん……142
永久　えいきゅう……142
永劫　えいごう……142
永世　えいせい……142
永代　えいたい……142
永年　えいねん……112
エイプリルフール……62
永眠　えいみん……114
絵暦　えごよみ……83
干支　えと……81
エポック……138
縁日　えんにち……35

【お】

おいおい……8
往古　おうこ……120
往時　おうじ……144
往生　おうじょう……114
往年　おうねん……144
逢魔が時　おうまがとき……23
大潮　おおしお……35
大晦　おおつごもり……73
オーディンの日　オーディンのひ……50
大禍時　おおまがとき……23
大晦日　おおみそか……73
大昔　おおむかし……120
お食い初め　おくいぞめ……100
お七夜　おしちや……100
男盛り　おとこざかり……107
一昨日　おとつい……40
一昨日　おととい……40
オフ……49
朧月夜　おぼろづきよ……45
朧夜　おぼろよ……45
お水取り　おみずとり……61
女郎花月　おみなえしづき……39
思い出　おもいで……154
想い出　おもいで……154
お八つ　おやつ……18
折　おり……47
おりしも……6
オルドビス紀　オルドビスき……126
女盛り　おんなざかり……107

【か】

カーニバル……60
回忌　かいき……115
懐旧　かいきゅう……154
改元　かいげん……85
回顧　かいこ……154
懐古　かいこ……154
回想　かいそう……154
孩提　がいてい……101
艾年　がいねん……108
カイロス……121
夏期休暇　かききゅうか……68
限りの月　かぎりのつき……39
学生時代　がくせいじだい……103
学童期　がくどうき……101
神楽月　かぐらづき……39
学齢　がくれい……101
過去　かこ……144
華甲　かこう……109
過去生　かこしょう……150
過去世　かこぜ……150
過日　かじつ……42
佳日　かじつ……81
嘉日　かじつ……81
カジマヤー……113
風待月　かぜまちづき……37
方　がた……47
片時　かたとき……47
花朝月夕　かちょうげっせき……61
かつて……2
紙婚式　かみこんしき……106
神去月　かみさりづき……39
神代　かみよ……121
神世　かみよ……121
神世七代　かみよななよ……121
火曜日　かようび……50
雁来月　かりくづき……39
仮の世　かりのよ……150
カルペディエム……155
カレンダー……83
彼は誰時　かわたれどき……14
元日　がんじつ……56
閑日月　かんじつげつ……109
感謝祭　かんしゃさい……72

完新世　かんしんせい……133
元旦　がんたん……56
寒中　かんちゅう……95
干潮　かんちょう……18
元朝　がんちょう……56
神無月　かんなづき……39
元年　がんねん……85
寒の入り　かんのいり……95
寒の内　かんのうち……95
間氷期　かんぴょうき……132
灌仏会　かんぶつえ……62
カンブリア紀　カンブリアき……126
還暦　かんれき……109
寒露　かんろ……93

【き】

忌明け　きあけ……115
記憶　きおく……154
季夏　きか……37
期間　きかん……47
菊月　きくづき……39
菊の節句　きくのせっく……69
紀元　きげん……85
紀元節　きげんせつ……57
紀元前　きげんぜん……85
如月　きさらぎ……37
既視感　きしかん……155
喜寿　きじゅ……113
季秋　きしゅう……39
季節　きせつ……85
吉日　きちじつ……81
吉日　きちにち……81
忌中　きちゅう……115
季冬　きとう……39
後朝　きぬぎぬ……15
昨日　きのう……40
昨日今日　きのうきょう……40
甲子　きのえね……81
木の芽時　きのめどき……61
幾望　きぼう……44
既望　きぼう……45
休暇　きゅうか……49
休憩　きゅうけい……51
旧時　きゅうじ……144
休日　きゅうじつ……49
旧正月　きゅうしょうがつ……57
旧石器時代　きゅうせっきじだい……133
休息　きゅうそく……51
旧年　きゅうねん……56
旧盆　きゅうぼん……68
旧暦　きゅうれき……83
今日　きょう……40
今日明日　きょうあす……42
強仕　きょうし……108
共時性　きょうじせい……155
凶日　きょうじつ……81
郷愁　きょうしゅう……154
暁新世　ぎょうしんせい……130
協定世界時　きょうていせかいじ……79
享年　きょうねん……115
行年　ぎょうねん……115
共和暦　きょうわれき……153
去年　きょねん……56
金婚式　きんこんしき……106
銀婚式　ぎんこんしき……106
近日　きんじつ……42
近世　きんせい……138
近代　きんだい……138
金曜日　きんようび……52
勤労感謝の日　きんろうかんしゃのひ……72

【く】

クオーツ時計　クオーツどけい……79
久遠　くおん……142
禺中　ぐちゅう……16
クリスマス……73
クリスマスイブ……73
グリニッジ標準時　グリニッジひょうじゅんじ……79
来る年　くるとし……75
暮れ　くれ……20
暮れ　くれ……72
暮れ方　くれがた……20
グレゴリオ暦　グレゴリオれき……85
暮れ泥む頃　くれなずむころ……23
暮れの秋　くれのあき……70
暮れ六つ　くれむつ……15
クロニクル……121
クロノス……121

【け】

禊月　けいげつ……37
桂月　けいげつ……39
啓蟄　けいちつ……88
笄年　けいねん……102
鶏鳴　けいめい……13
鶏鳴　けいめい……16
敬老の日　けいろうのひ……69
今朝　けさ……15
今朝方　けさがた……15
夏至　げし……91
下旬　げじゅん……48
解脱　げだつ……151
結婚　けっこん……106
結婚記念日　けっこんきねんび……106
結婚適齢期　けっこんてきれいき……106
月末　げつまつ……53
月余　げつよ……83
月曜日　げつようび……50
褻の日　けのひ……43
玄月　げんげつ……39
元号　げんごう……85
建国記念の日　けんこくきねんのひ……57
現在　げんざい……144
原始時代　げんしじだい……136
懸車　けんしゃ……113
元宵節　げんしょうせつ……60
現世　げんせ……150
現世　げんぜ……150
現世　げんせい……133
顕生代　けんせいだい……125
原生代　げんせいだい……125
現代　げんだい……139
倦怠期　けんたいき……108
原太古代　げんたいこだい……124
玄冬　げんとう……112

元服　げんぷく……106
憲法記念日　けんぽうきねんび……63

【こ】

期　ご……47
五明後日　ごあさって……40
劫　こう……146
更衣　こうい……66
光陰　こういん……146
好機　こうき……18
後期旧石器時代　こうききゅうせっきじだい……133
恒久　こうきゅう……142
黄昏　こうこん……16
更新世　こうしんせい……132
後世　こうせい……150
洪積世　こうせきせい……132
光速　こうそく……153
降誕祭　こうたんさい……73
高年　こうねん……109
光年　こうねん……158
更年期　こうねんき……109
光秒　こうびょう……153
後氷期　こうひょうき……133
光フィート　こうフィート……153
甲夜　こうや……28
高齢　こうれい……109
ゴールデンウィーク……63
ゴールデンタイム……25
古稀　こき……113
穀雨　こくう……88
極月　ごくげつ……39
告別式　こくべつしき……114
古原生代　こげんせいだい……125
午後　ごご……18
五更　ごこう……28
五更　ごこう……28
九日　ここのか……34
古今　ここん……146
小潮　こしお……38
来し方　こしかた……144
後日　ごじつ……42
後生　ごしょう……151
小正月　こしょうがつ……57
後世　ごせ……150
古生代　こせいだい……125
午前　ごぜん……16
古代　こだい……137
古太古代　こたいこだい……124
古第三紀　こだいさんき……130
五十日　ごとおび……38
今年　ことし……56
こどもの日　こどものひ……63
ゴトランド紀　ゴトランドき……126
この間　このあいだ……42
この頃　このごろ……42
このところ……42
このほど……42
木の芽月　このめづき……37
木の芽時　このめどき……61
小春　こはる……72
小昼　こひる……16
午夜　ごや……26
五夜　ごや……28
後夜　ごや……28
今宵　こよい……25
暦　こよみ……95
これから……4
頃　ころ……47
頃合い　ころあい……18
衣替え　ころもがえ……66
婚期　こんき……106
今後　こんご……144
今昔　こんじゃく……146
今生　こんじょう……151
今世紀　こんせいき……139
今日　こんにち……40
今晩　こんばん……25
今夜　こんや……25

【さ】

際　さい……47
最近　さいきん……42
歳月　さいげつ……112
最期　さいご……114
祭日　さいじつ……49
最中　さいちゅう……146
歳末　さいまつ……72
サウダージ……155
サウダーデ……155
一昨昨日　さきおととい……40
先頃　さきごろ……42
先ほど　さきほど……47
先行き　さきゆき……144
朔日　さくじつ……34
昨日　さくじつ……40
昨年　さくねん……56
昨晩　さくばん……25
朔望月　さくぼうげつ……83
昨夜　さくや……25
皐月　さつき……37
五月　さつき……37
さつき……4
昨今　さっこん……42
雑節　ざっせつ……85
さっそく……4
早苗月　さなえづき……37
最中　さなか……146
サマータイム……65
五月雨　さみだれ……66
小夜　さよ……24
小夜すがら　さよすがら……24
小夜中　さよなか……24
三箇日　さんがにち……56
サンクスギビングデー……72
三五　さんご……44
三更　さんこう……28
三五夜　さんごや……44
暫時　ざんじ……47
傘寿　さんじゅ……113
残暑　ざんしょ……93
三畳紀　さんじょうき……127
三世　さんぜ……150
残生　ざんせい……112
三伏　さんぷく……64
残夜　ざんや……28
三隣亡　さんりんぼう……81

【し】

明明後日　しあさって……40
清明祭　シーミー……88

ジェネレーション……112
潮先　しおさき……18
潮時　しおどき……18
潮時計　しおどけい……79
志学　しがく……102
四月馬鹿　しがつばか……62
時間　じかん……87
時間旅行　じかんりょこう……156
死期　しき……114
時機　じき……18
時期　じき……47
時季　じき……66
時宜　じぎ……18
じきに……4
しきりに……2
時空　じくう……158
時雨月　しぐれづき……39
四更　しこう……28
時光　じこう……154
時刻　じこく……79
時差　じさ……79
四十九日　しじゅうくにち……115
耳順　じじゅん……109
思春期　ししゅんき……102
四旬節　しじゅんせつ……60
始新世　ししんせい……130
辞世　じせい……114
始生代　しせいだい……124
しだいに……6
七五三　しちごさん……101
七十二候　しちじゅうにこう……85
七曜　しちよう……48

十干　じっかん……81
日入　じつじゅう……16
日出　じつしゅつ……16
日中　じつちゅう……16
日昳　じつてつ……16
児童期　じどうき……101
死に際　しにぎわ……114
東雲　しののめ……15
しばし……2
しばらく……4
四半世紀　しはんせいき……138
時分　じぶん……47
霜月　しもつき……39
霜降月　しもふりづき……39
灼熱夜　しゃくねつや……67
弱年　じゃくねん……103
若年　じゃくねん……103
社日　しゃじつ……88
ジャズエイジ……138
弱冠　じゃっかん……106
赤口　しゃっこう……81
謝肉祭　しゃにくさい……60
社日　しゃにち……88
ジャメヴ……155
終焉　しゅうえん……114
周忌　しゅうき……115
十月夏小　ジュウグヮツィナツィグヮー……72
十五夜　じゅうごや……44
13日の金曜日　じゅうさんにちのきんようび……52
十三夜　じゅうさんや……43

十七夜　じゅうしちや……46
終日　しゅうじつ……19
秋社　しゅうしゃ……88
従心　じゅうしん……113
終生　しゅうせい……112
十二刻　じゅうにこく……16
十二支　じゅうにし……81
十二時辰　じゅうにじしん……16
十二辰刻　じゅうにしんこく……16
十二進法　じゅうにしんほう……153
十年一日　じゅうねんいちじつ……83
秋分　しゅうぶん……93
秋分の日　しゅうぶんのひ……93
週末　しゅうまつ……53
終末　しゅうまつ……151
終末期旧石器時代　しゅうまつききゅうせっきじだい……136
終夜　しゅうや……30
十六日祭　ジュウルクニチー……60
朱夏　しゅか……107
祝日　しゅくじつ……49
熟年　じゅくねん……108
主日　しゅじつ……52
十干　じゅっかん……81
出産予定日　しゅっさんよていび……100
寿命　じゅみょう……114
須臾　しゅゆ……146
ジュラ紀　ジュラき……127
旬　しゅん……66
瞬間　しゅんかん……146
春暁　しゅんぎょう……13
旬月　じゅんげつ……35

瞬時　しゅんじ……146
旬日　じゅんじつ……35
春社　しゅんしゃ……88
春秋　しゅんじゅう……112
春宵　しゅんしょう……25
春宵一刻直千金　しゅんしょういっこくあたいせんきん……25
春節　しゅんせつ……57
春分　しゅんぶん……88
春分の日　しゅんぶんのひ……88
旬余　じゅんよ……35
生涯　しょうがい……112
正月　しょうがつ……56
小寒　しょうかん……95
小休止　しょうきゅうし……51
正午　しょうご……17
上巳　じょうし……60
上旬　じょうじゅん……35
小暑　しょうしょ……91
少女期　しょうじょき……102
少女時代　しょうじょじだい……102
小雪　しょうせつ……94
上代　じょうだい……137
祥月　しょうつき……115
祥月命日　しょうつきめいにち……115
昇天　しょうてん……114
少年期　しょうねんき……102
少年時代　しょうねんじだい……102
小の月　しょうのつき……83
菖蒲月　しょうぶづき……37
小満　しょうまん……90
定命　じょうみょう……114

将来　しょうらい……144
昭和　しょうわ……85
昭和の日　しょうわのひ……63
初夏　しょか……64
食時　しょくじ……16
濁世　じょくせ……150
初更　しょこう……28
初秋　しょしゅう……68
初春　しょしゅん……59
初旬　しょじゅん……35
処暑　しょしょ……93
暑中　しょちゅう……91
しょっちゅう……2
初冬　しょとう……71
初七日　しょなぬか……115
初七日　しょなのか……115
初日　しょにち……35
初夜　しょや……28
初夜　しょや……106
除夜　じょや……74
初老　しょろう……109
白白明け　しらしらあけ……13
而立　じりつ……107
シルバーウィーク……63
シルリア紀　シルリアき……126
シルル紀　シルルき……126
四六時中　しろくじちゅう……26
師走　しわす……39
新紀元　しんきげん……138
シンクロナイズ……121
シンクロニシティ……155
新原生代　しんげんせいだい……125
深更　しんこう……27
尽日　じんじつ……53
人日　じんじつ……57
新秋　しんしゅう……68
新春　しんしゅん……58
晨朝　じんじょう……28
人生　じんせい……112
新生児期　しんせいじき……100
新生代　しんせいだい……130
新石器時代　しんせっきじだい……136
神代　じんだい……121
新太古代　しんたいこだい……124
新第三紀　しんだいさんき……131
人定　じんてい……16
新年　しんねん……56
新年度　しんねんど……61
深夜　しんや……27
新暦　しんれき……83
神話時代　しんわじだい……121

【す】

水曜日　すいようび……50
スウィートシックスティーン……102
スーパーチューズデー……50
小満芒種　スーマンボースー……66
過越祭　すぎこしのまつり……62
巣立ち　すだち……103
ずっと……2
砂時計　すなどけい……79
寸暇　すんか……51
寸刻　すんこく……47
寸時　すんじ……47

【せ】

盛夏　せいか……64
盛期　せいき……66
世紀　せいき……138
世紀末　せいきまつ……138
青春　せいしゅん……103
成人の日　せいじんのひ……57
星霜　せいそう……112
聖誕祭　せいたんさい……73
青銅器時代　せいどうきじだい……136
成年　せいねん……106
盛年　せいねん……107
青年期　せいねんき……103
歳暮　せいぼ……72
清明　せいめい……88
聖夜　せいや……73
西暦　せいれき……85
セカンドライフ……109
昔日　せきじつ……144
石炭紀　せきたんき……126
積年　せきねん……112
世代　せたい……112
世代　せだい……112
節　せつ……47
節気　せっき……85
石器時代　せっきじだい……136
刹那　せつな……146
節分　せつぶん……95
蟬羽月　せみのはづき……37
先カンブリア時代　せんカンブリアじだい……124
前期旧石器時代　ぜんききゅうせっきじだい……133
千古　せんこ……125
戦後　せんご……139
先刻　せんこく……47
千載　せんざい……142
先史時代　せんしじだい……136
先日　せんじつ……42
前日　ぜんじつ……42
千秋　せんしゅう……142
千秋楽　せんしゅうらく……36
浅春　せんしゅん……59
先勝　せんしょう……81
前生　ぜんしょう……151
鮮新世　せんしんせい……131
漸新世　ぜんしんせい……131
先世　せんせ……150
前世　ぜんせ……150
前世　ぜんせい……150
戦前　せんぜん……139
戦中　せんちゅう……139
千年紀　せんねんき……139
先般　せんぱん……42
先負　せんぷ……81

【そ】

想起　そうき……154
葬儀　そうぎ……114
早暁　そうぎょう……13
霜降　そうこう……93
葬式　そうしき……114
早春　そうしゅん……59
葬送　そうそう……114
早旦　そうたん……13
早朝　そうちょう……13

早天　そうてん……13
壮年　そうねん……107
桑年　そうねん……108
卒業　そつぎょう……103
卒哭忌　そっこくき……115
卒寿　そつじゅ……113
啐啄　そったく……108
そのうち……8
そろそろ……8

【た】

大安　たいあん……81
体育の日　たいいくのひ……69
太陰太陽暦　たいいんたいようれき……83
太陰暦　たいいんれき……83
大化　たいか……85
大寒　だいかん……95
太古　たいこ……125
太古代　たいこだい……124
大暑　たいしょ……91
大正　たいしょう……85
大小暦　だいしょうごよみ……83
大雪　たいせつ……94
体内時計　たいないどけい……79
大の月　だいのつき……83
タイムカプセル……157
タイムスリップ……156
タイムトラベル……156
タイムトリップ……156
タイムパラドックス……156
タイムマシン……156
タイムリープ……156
タイムワープ……156
大厄　たいやく……108
太陽時　たいようじ……79
太陽年　たいようねん……85
太陽暦　たいようれき……85
第四紀　だいよんき……132
たえず……2
他界　たかい……114
酣　たけなわ……66
闌　たけなわ……66
他日　たじつ……42
他生　たしょう……151
多生　たしょう……151
黄昏　たそがれ……23
誰そ彼時　たそかれどき……14
黄昏時　たそがれどき……23
ただ今　ただいま……146
たちまち……4
七夕　たなばた……67
棚機　たなばた……67
多年　たねん……112
田の実の節句　たのみのせっく……68
度　たび……47
たびたび……2
玉響　たまゆら……146
太郎月　たろうづき……37
段　だん……47
端月　たんげつ……37
端午　たんご……63
誕生日　たんじょうび……100
誕辰　たんしん……100

【ち】

近頃　ちかごろ……42
ちかぢか……4
致仕　ちし……113
父の日　ちちのひ……63
千歳　ちとせ……142
千年　ちとせ……142
知命　ちめい……108
仲夏　ちゅうか……37
中気　ちゅうき……85
中期旧石器時代　ちゅうききゅうせっきじだい……133
中元　ちゅうげん……67
中原生代　ちゅうげんせいだい……125
仲秋　ちゅうしゅう……39
中秋　ちゅうしゅう……69
中秋節　ちゅうしゅうせつ……69
仲春　ちゅうしゅん……37
中旬　ちゅうじゅん……41
中新世　ちゅうしんせい……131
中世　ちゅうせい……137
中生代　ちゅうせいだい……127
沖積世　ちゅうせきせい……133
中石器時代　ちゅうせっきじだい……136
中太古代　ちゅうたいこだい……124
仲冬　ちゅうとう……39
中日　ちゅうにち……88
中年　ちゅうねん……107
中夜　ちゅうや……28
千代　ちよ……142
長久　ちょうきゅう……142
暢月　ちょうげつ……39
超熱帯夜　ちょうねったいや……67
重陽　ちょうよう……69

【つ】

追憶　ついおく……154
追懐　ついかい……154
追想　ついそう……154
朔日　ついたち……34
朔　ついたち……34
一日　ついたち……34
通夜　つうや……114
束の間　つかのま……146
月明け　つきあけ……34
月遅れの盆　つきおくれのぼん……68
月末　つきずえ……53
月中　つきなか……41
月半ば　つきなかば……41
月初め　つきはじめ……34
月命日　つきめいにち……115
月夜　つきよ……45
月読　つきよみ……121
月読　つくよみ……121
晦　つごもり……53
つとに……2
つとめて……13
つねに……2
常日頃　つねひごろ……43
通夜　つや……114
梅雨　つゆ……66
梅雨明け　つゆあけ……90
梅雨入り　つゆいり……90

【て】

ティーンエイジ……102

デイオフ……49
ディケイド……139
定刻 ていこく……79
定時 ていじ……79
丁年 ていねん……106
定年 ていねん……109
停年 ていねん……109
丁夜 ていや……28
適齢 てきれい……106
適齢期 てきれいき……106
デジャヴ……155
鉄器時代 てっきじだい……137
デボン紀 デボンき……126
天寿 てんじゅ……114
転生 てんせい……151
天保暦 てんぽうれき……83
天命 てんめい……114

【と】
桃月 とうげつ……37
冬至 とうじ……94
当日 とうじつ……42
当世 とうせい……139
十日 とおか……34
十日夜 とおかんや……41
ときたま……6
ときどき……6
ときとして……8
ときに……8
時の記念日 ときのきねんび……79
時計 とけい……79
とこしえ……142
とこしなえ……142
とことわ……142
年越し としこし……75
年頃 としごろ……102
歳月 としつき……112
年月 としつき……112
年波 としなみ……109
年の暮れ としのくれ……72
年の瀬 としのせ……73
年の夜 としのよ……74
十月十日 とつきとおか……100
咄嗟 とっさ……146
弔い とむらい……114
友引 ともびき……81
土用 どよう……93
土用の入り どようのいり……93
土用の丑の日 どようのうしのひ……93
土曜日 どようび……52
寅の刻 とらのこく……28
ドリーミング……133
ドリームタイム……133
とわ……142
常 とわ……142
トワイライト……30

【な】
苗植月 なえうえづき……37
中入り なかいり……36
中潮 なかしお……36
長潮 ながしお……41
長月 ながつき……39
長年 ながねん……112
中日 なかび……36
ながらく……4
夏越し なごし……67
夏 なつ……64
夏時間 なつじかん……65
夏日 なつび……67
夏休み なつやすみ……68
七種 ななくさ……57
七つ下がり ななつさがり……18
七七日 なななのか……115
七夜月 ななよづき……39
七日 なのか……34
ナノ秒 ナノびょう……153
鳴神月 なるかみづき……37

【に】
新背 にいせ……103
二才達 ニーセーター……103
新嘗祭 にいなめさい……72
二更 にこう……28
21世紀 にじゅういっせいき……139
25時 にじゅうごじ……26
二十三夜 にじゅうさんや……48
二十四節気 にじゅうしせっき……85
二畳紀 にじょうき……126
日常 にちじょう……43
日没 にちぼつ……20
日没 にちもつ……28
日夜 にちや……15
日曜日 にちようび……52
日中 にっちゅう……17
日中 にっちゅう……28
二百十日 にひゃくとおか……93
二百二十日 にひゃくはつか……93
乳児期 にゅうじき……100
入梅 にゅうばい……90
ニルヴァーナ……151
二六時中 にろくじちゅう……26

【ね】
熱帯夜 ねったいや……67
子の刻 ねのこく……26
涅槃 ねはん……151
年忌 ねんき……115
年月 ねんげつ……112
年号 ねんごう……85
年始 ねんし……56
年歯 ねんし……112
年初 ねんしょ……56
年代 ねんだい……139
年頭 ねんとう……56
年度初め ねんどはじめ……61
年度末 ねんどまつ……61
年配 ねんぱい……109
年末 ねんまつ……72
年齢 ねんれい……112

【の】
農事暦 のうじれき……85
農暦 のうれき……83
ノスタルジア……154
ノスタルジー……154
野辺送り のべおくり……114

【は】
バースデー……100
梅雨 ばいう……66
黴雨 ばいう……66
破瓜 はか……102

バカンス……49
白亜紀　はくあき……127
白寿　はくじゅ……113
白秋　はくしゅう……108
麦秋　ばくしゅう……63
百代の過客　はくたいのかかく……147
白昼　はくちゅう……17
薄暮　はくぼ……23
薄明　はくめい……30
白夜　はくや……30
白露　はくろ……93
バケーション……49
はたち……106
働き盛り　はたらきざかり……107
八十八夜　はちじゅうはちや……88
二十日　はつか……34
葉月　はづき……39
八朔　はっさく……68
初春　はつはる……58
ハッピーアワー……23
花祭り　はなまつり……62
花見　はなみ……62
ハネムーン……106
母の日　ははのひ……63
浜下り　はまうり……60
腹時計　はらどけい……79
パラレルワールド……157
春　はる……59
春先　はるさき……59
春休み　はるやすみ……68
馬齢　ばれい……112
晴れの日　はれのひ……43
バレンタインデー……57
ハロウィン……69
晩　ばん……25
晩夏　ばんか……64
晩方　ばんがた……25
パンケーキデー……60
半夏生　はんげしょう……91
半減期　はんげんき……157
万古　ばんこ……125
反抗期　はんこうき……102
半寿　はんじゅ……113
晩秋　ばんしゅう……70
晩春　ばんしゅん……62
半生　はんせい……112
万世　ばんせい……142
半世紀　はんせいき……138
晩冬　ばんとう……71
半時　はんとき……47
半ドン　はんドン……53
晩年　ばんねん……113
半夜　はんや……27

【ひ】

ピーク時　ピークじ……66
日がな一日　ひがないちにち……19
光の春　ひかりのはる……60
彼岸　ひがん……88
日暮れ　ひぐれ……20
ピコ秒　ピコびょう……153
日頃　ひごろ……43
日盛り　ひざかり……17
ひさしく……6
ヒジュラ暦　ヒジュラれき……83
ビッグバン……120
畢生　ひっせい……112
日時計　ひどけい……79
火時計　ひどけい……79
ひと頃　ひところ……46
ひと月　ひとつき……83
一時　ひととき……46
一年　ひととせ……85
一晩中　ひとばんじゅう……30
ひとまず……6
火点し頃　ひともしごろ……23
雛祭り　ひなまつり……60
ひねもす……19
日の入り　ひのいり……20
丙午　ひのえうま……81
日の出　ひので……13
暇　ひま……51
日めくり　ひめくり……83
ひもすがら……19
百代の過客　ひゃくだいのかかく……147
百日祝い　ひゃくにちいわい……100
白夜　びゃくや……30
百箇日　ひゃっかにち……115
氷河期　ひょうがき……132
氷河時代　ひょうがじだい……132
氷期　ひょうき……132
標準時　ひょうじゅんじ……79
昼　ひる……17
昼下がり　ひるさがり……17
昼過ぎ　ひるすぎ……17
昼中　ひるなか……17
昼日中　ひるひなか……17
昼間　ひるま……17
昼前　ひるまえ……16

【ふ】

ふいに……6
浮世　ふせい……150
普段　ふだん……43
二日　ふつか……34
復活祭　ふっかつさい……62
文月　ふづき……39
払暁　ふつぎょう……13
仏滅　ぶつめつ……81
不定時法　ふていじほう……81
ふと……6
文月　ふみづき……39
冬　ふゆ……71
冬日　ふゆび……72
冬休み　ふゆやすみ……68
ブラックフライデー……72
フランス革命暦　フランスかくめいれき……153
振替休日　ふりかえきゅうじつ……50
振り子時計　ふりこどけい……79
フリッグの日　フリッグのひ……52
ブルーアワー……30
ブルーマンデー……50
ブルーモーメント……30
ブレイク……51
フレイヤの日　フレイヤのひ……52
不惑　ふわく……108
文化の日　ぶんかのひ……69
分刻み　ふんきざみ……79

【へ】
平均太陽時 へいきんたいようじ……79
平日 へいじつ……49
米寿 べいじゅ……113
平成 へいせい……85
平素 へいそ……43
平旦 へいたん……16
丙夜 へいや……28
ベルエポック……138
ペルム紀 ペルムき……126
変声期 へんせいき……102

【ほ】
望 ぼう……44
芳紀 ほうき……103
忘却 ぼうきゃく……154
望郷 ぼうきょう……154
乏月 ぼうげつ……37
防災の日 ぼうさいのひ……93
芒種 ぼうしゅ……90
ホーラ……121
ホーライ……121
晡時 ほじ……16
星月夜 ほしづきよ……34
星月夜 ほしづくよ……34
暮秋 ぼしゅう……70
暮春 ぼしゅん……37
程 ほど……47
ほどなく……6
骨休め ほねやすめ……51
仄仄明け ほのぼのあけ……13
暮夜 ぼや……25
戊夜 ぼや……28
ホリデー……49
ホワイトデー……57
盆 ぼん……68
本卦還り ほんけがえり……109
本日 ほんじつ……40
本朝七十二候 ほんちょうしちじゅうにこう……85
本年 ほんねん……56
盆休み ぼんやすみ……68

【ま】
間 ま……147
間合い まあい……147
マイクロ秒 マイクロびょう……153
前厄 まえやく……108
マジックアワー……30
瞬く間 またたくま……146
またの日 またのひ……42
末期 まつご……114
真っ最中 まっさいちゅう……66
末日 まつじつ……53
末世 まっせ……151
真っ只中 まっただなか……146
松の内 まつのうち……57
真っ昼間 まっぴるま……17
末法の世 まっぽうのよ……151
待宵 まつよい……44
末路 まつろ……113
真夏 まなつ……64
真夏日 まなつび……67
真昼 まひる……17
真冬 まふゆ……71
真冬日 まふゆび……72
まもなく……4
真夜中 まよなか……27
マルディグラ……60
満中陰 まんちゅういん……115
満潮 まんちょう……18

【み】
三日夜 みかよ……36
砌 みぎり……47
未視感 みしかん……155
水時計 みずどけい……79
未成年 みせいねん……106
晦日 みそか……53
三十日 みそか……53
三十路 みそじ……107
三日 みっか……34
蜜月 みつげつ……106
ミッドナイト……27
みどりの日 みどりのひ……63
水無月 みなづき……37
未明 みめい……28
宮参り みやまいり……100
明後日 みょうごにち……40
明日 みょうにち……40
明年 みょうねん……56
明晩 みょうばん……25
明夜 みょうや……25
妙齢 みょうれい……103
未来 みらい……144
ミリ秒 ミリびょう……153
弥勒世 ミルクユー……151
ミレニアム……139

【む】
六日 むいか……34
昔 むかし……120
昔々 むかしむかし……120
麦の秋 むぎのあき……63
無窮 むきゅう……142
無限 むげん……142
娘盛り むすめざかり……103
睦月 むつき……37

【め】
冥王代 めいおうだい……124
明治 めいじ……85
メーデー……63
命日 めいにち……115
愛逢月 めであいづき……39
メメントモリ……155
メモリー……154
メルクリウスの日 メルクリウスのひ……50

【も】
孟夏 もうか……37
孟秋 もうしゅう……39
孟春 もうしゅん……37
猛暑日 もうしょび……67
もうすぐ……4
孟冬 もうとう……39
木曜日 もくようび……50
望の日 もちのひ……44
目下 もっか……146
最中 もなか……146
桃の節句 もものせっく……60
モラトリアム……103

【や】
やがて……8
夜間　やかん……24
厄年　やくどし……108
厄日　やくび……81
休み　やすみ……53
夜前　やぜん……25
夜中　やちゅう……24
八千代　やちよ……142
八つ時　やつどき……18
弥の明後日　やのあさって……40
夜半　やはん……16
夜半　やはん……27
夜分　やぶん……24
山の日　やまのひ……68
闇夜　やみよ……34
弥生　やよい……37

【ゆ】
夕　ゆう……20
悠遠　ゆうえん……142
夕方　ゆうがた……20
悠久　ゆうきゅう……142
夕暮れ　ゆうぐれ……20
夕刻　ゆうこく……20
夕さり　ゆうさり……20
有史時代　ゆうしじだい……137
夕つ方　ゆうつかた……20
夕べ　ゆうべ……20
昨夜　ゆうべ……20
夕間暮れ　ゆうまぐれ……20
夕まし　ゆうまし……20
行く秋　ゆくあき……70
行く末　ゆくすえ……144
行く年　ゆくとし……75
行く夏　ゆくなつ……68
行く春　ゆくはる……62
ゆくゆく……8
ユダヤ暦　ユダヤれき……83
ユリウス暦　ユリウスれき……85

【よ】
夜　よ……25
夜明け　よあけ……13
夜明け前　よあけまえ……13
宵　よい……25
宵のうち　よいのうち……25
宵の口　よいのくち……23
八日　ようか……34
幼学　ようがく……102
陽月　ようげつ……39
幼児期　ようじき……101
陽春　ようしゅん……62
幼少期　ようしょうき……101
幼年期　ようねんき……101
曜日　ようび……48
ようやく……8
陽暦　ようれき……85
余暇　よか……51
翌朝　よくあさ……13
翌日　よくじつ……42
翌朝　よくちょう……13
夜さり　よさり……25
夜さりつ方　よさりつかた……25
四次元　よじげん……159
余日　よじつ……42
夜すがら　よすがら……30
余生　よせい……112
四十路　よそじ……107
四日　よっか……34
夜通し　よどおし……30
夜伽　よとぎ……114
夜中　よなか……27
夜長月　よながづき……39
夜更け　よふけ……27
余命　よめい……114
夜もすがら　よもすがら……30
夜　よる……25
夜のはじめ頃　よるのはじめごろ……25
万代　よろずよ……142
よわ……27
齢　よわい……112
4分33秒　よんぷんさんじゅうさんびょう……157

【ら】
来世　らいせ……150
来年　らいねん……56
楽　らく……36
楽日　らくび……36
ラマダーン……83
蘭月　らんげつ……39

【り】
リインカネーション……151
立夏　りっか……90
立秋　りっしゅう……93
立春　りっしゅん……88
立冬　りっとう……94
遼遠　りょうえん……142
良夜　りょうや……45
臨月　りんげつ……100
臨終　りんじゅう……114
輪廻　りんね……151

【れ】
令月　れいげつ……37
黎明　れいめい……13
令和　れいわ……85
歴史時代　れきしじだい……137
暦日　れきじつ……83
暦注　れきちゅう……81
暦年　れきねん……85
歴年　れきねん……112

【ろ】
老境　ろうきょう……109
臘月　ろうげつ……39
老後　ろうご……112
漏刻　ろうこく……79
老年　ろうねん……109
老齢　ろうれい……109
六時　ろくじ……28
六十進法　ろくじっしんほう……153
六曜　ろくよう……81

【わ】
若潮　わかしお……41
若夏　わかなつ……61
和暦　われき……85

主要参考文献

木村 敏	『時間と自己』(中公新書)	1982年
沖縄大百科事典刊行事務局 編	『沖縄大百科事典』(沖縄タイムス社)	1983年
新村 出 編	『広辞苑』第4版(岩波書店)	1991年
本川達雄	『ゾウの時間 ネズミの時間』(中公新書)	1992年
三木成夫	『海・呼吸・古代形象』(うぶすな書院)	1992年
高橋健司	『空の名前』(光琳社出版)	1992年
林 完次	『宙ノ名前』(光琳社出版)	1995年
小学館辞典編集部 編	『日本秀歌秀句の辞典』(小学館)	1995年
真木悠介	『時間の比較社会学』(岩波同時代ライブラリー)	1997年
帝国書院編集部	『地図で訪ねる歴史の舞台　世界』最新版(帝国書院)	1998年
三省堂編修所 編	『ことばの手帳　当て字・難読語』(三省堂)	1999年
三枝克之	『Contemporary Remix "万葉集"／恋ノウタ』全3巻(角川文庫)	2001〜03年
大野 晋、佐竹昭広、前田金五郎 編	『岩波古語辞典　補訂版』第13刷(岩波書店)	2002年
小学館の図鑑NEO	『恐竜』『宇宙』『大むかしの生物』『人間　いのちの歴史』『地球』(小学館)	2002〜07年
ミヒャエル・エンデ 著、大島かおり 訳	『モモ』(岩波少年文庫)	2005年
三枝克之 文、垂見健吾 写真	『風に聞いた話　竜宮の記憶』(角川書店)	2008年
中村 明	『日本語　語感の辞典』第3刷(岩波書店)	2011年
山田忠雄、柴田 武、他 編	『新明解国語辞典』第七版　小型版(三省堂)	2012年
学研辞典編集部 編	『暮らしの日本語辞典』(学研)	2014年
芹生公男 編	『現代語古語類語辞典』(三省堂)	2015年
割田剛雄、小林 隆	『天皇皇后両陛下　慰霊と祈りの御製と御歌』(海竜社)	2015年
松浦 壮	『時間とはなんだろう　最新物理学で探る「時」の正体』(講談社ブルーバックス)	2017年
川端裕人 著、海部陽介 監修	『我々はなぜ我々だけなのか　アジアから消えた多様な「人類」たち』(講談社ブルーバックス)	2017年
大野 晋、浜西正人	『類語国語辞典』25版(角川書店)	2018年
青空文庫	https://www.aozora.gr.jp	
コトバンク	https://kotobank.jp	

その他、各項目に関連するWEBサイト多数

図版クレジット

扉：ガリレオ・ガリレイが考案した振り子時計のデザイン画（1637年頃、未完成）

P3：月と黄道帯の星座を描いた天体図（16世紀、イングランド）／© The British Library

P5：寛政2年の大小暦を描いた絵暦。戌年なので犬がいる（18世紀）／Brooklyn Museum

各章扉のカット：プラハの天文時計の動き／Willy Leenders

Special Thanks to（順不同、敬称略）

バウザ ヘクター・ゆかり・尚　大城 由樹子　古川 妙華・珊太　吉野 真帆

ひでちゃん・まいまい子　沙羅ともファミリー

西 淳一・三代子　与座 康三

高原 浩子

吉川 陽久　杉本 昭生

郡司 珠子　伊藤 素子　加藤 芳美

あとがき

昨年の早春、三枝さんからこの本の話をいただき、何を撮ればよいですかと尋ねると「んー、全部？」との返事。軽く愛想笑いをして「とりあえず時に関するものを撮ればよいか」とぼんやり考えて引き受けました。

そこで、時について考えてみました。写真は瞬間を切り取るもの。ということは、時は流れているもの。

しかし、カメラが向いてないところでも時間は流れている……つまり、この世のすべてに時間が流れている。すべてのものは時の間にある！　そう気づいたわたしは、三枝さんの「全部」が冗談ではなかったことを知り、一年ですべてを撮るのかと愕然《がくぜん》としました。そこからは何もかもを「時」で見て聞いて考える「時漬け」の一年。

撮影に追われる日々の中で、一分一秒、朝夕、一日、季節、年中行事などを見つめていると、それまでは何気なく見過ごしていた小さなものごと、季節の移り変わり、単に楽しんだり面倒くさがったりしていた慣習や行事の素晴らしさを知り、わたしたちの生活はなんと豊かなものかと気づかされました。

そしてその時が、過去にも、未来にも、永遠にのびていく。その壮大さに感動し、これからの日々を、一分一秒を大切に生きていこうと思いました。

わたしにとっては、たくさんの人と自然に助けられて生まれた『時の名前』。

この本を手にとる方々が「時」に想いをはせる手助けになれたら幸せです。

最後に、この本に関わるすべての方々と、この一年、わたしを励まし手伝ってくれたみなさんと、この本を手にとって下さったあなたへ素敵な時が流れますように。


令和元年の七夕の夜に、感謝を込めて。　西 美都

「本日の天気、☀時々☁。最高気温32℃、最低気温24℃、湿度45%、降水確率30%……」
約30年前、僕は東京の音楽会社で昼夜の区別のない生活を送りながら、そんな数字や記号ばかりが並ぶ「空」の下に暮らしていた。またそれをあたりまえのように思っていた。そんなある日、山手線のホームでぼんやり見上げた空に雲が流れるのを見て、ふと気になった。「前に夕日を眺めたのはいつだっけ?」。と同時に、僕は人生においてとても大きな忘れ物をしていると感じた。個人としても、人間という種族としても……。

ほどなく僕は京都に移り住み、小さな出版社で本作りを始めた。その最初に企画・編集した本が『空の名前』だった。これが望外のヒットとなり、『宙の名前』『色の名前』という続刊も手掛けた。本書『時の名前』はそれ以来、約四半世紀ぶりに企画・編集したシリーズ続刊である。これほどの年月を空けて続刊を作るとは僕自身も思っていなかった。しかし「時間」がますます経済の一単位と化しつつある今、僕らはこの「時間」というあまりに身近すぎるものについても、知らぬ間に大きな忘れ物をしている気がしてならない。

この20余年の間にはいくつもの大災害が起こり、世界は無常であると思い知らされた。また個人的には子どもが生まれ、代わりに親を見送り、やがてその子どもも育ち、成人を迎える。16年前からは沖縄という今も先祖崇拝と自然崇拝を伝え、旧暦が息づく島に暮らしている。ここでの日々は、現実の時間のすぐそばには太古から連綿と続くもう一つの悠久の時間が流れていることを実感させてくれる。カフェの経営は「豊かな時間」とは何かを常に考えさせられるし、庭で飼い始めたゾウガメを見ていると、僕らとは違う時間の尺度で生きているのがよくわかる。そんな「時」を重ねたからこそ、執筆も含めて本書を作ることができたのだと、今は思う。

時間を扱った本は難解なものが多い。本書は時間にまつわる言葉を紹介することで、自《おの》ずと「時を想う時」が持てるように編集したつもりだ。『空の名前』が空間をテーマにしたものだとすると、本書はその姉妹編とも言えよう。この2冊を眺めながら、宇宙の時空の中での自分の存在を感じていただけたなら幸いである。

最後に、この本の企画・執筆期間中に我が家から巣立っていった二人の娘に本書を捧げる。

2019年、夏の土用の入り、梅干し日和《びより》の昼下がり

三枝克之

時《とき》 TOKI の NO 名《な》 NA 前《まえ》 MAE　NAMES OF TIME

三枝克之 みえだ かつゆき 企画・編集・文・アートディレクション)
編集者、著作家、プロデューサー。1964年、兵庫県生まれ。東京でのレコード会社勤務、京都での出版社勤務を経て、95年よりフリーランス。2003年に沖縄へ転居。企画編集した作品は、『空の名前』『宙の名前』『色の名前』3部作（以上、KADOKAWA）はじめ多数。著書に『Contemporary Remix "万葉集"／恋ノウタ』全3巻（角川文庫）、『旅のカケラ　パリ*コラージュ』『風に聞いた話　竜宮の記憶』（以上、KADOKAWA）、『月のオデッセイ』（リトル・モア）などがある。05年より宜野湾市にてカルチャーカフェ〈CAFE UNIZON〉を経営。https://www.cafe-unizon.jp

西 美都 にし みやこ (写真)
写真家。1989年、東京都生まれ。東京工芸大学写真学科卒業。「自然と自分がつながる時」を撮る。沖縄を拠点にし、拾い集めた流木の自作フレームにプリントをおさめ、各地で展示会を開催。

2019年9月28日　初版発行

編集・文／三枝克之《みえだかつゆき》　写真／西 美都《にしみやこ》　デザイン／織田《おだ》みどり

発行者／郡司 聡

発行／株式会社KADOKAWA
〒102-8177　東京都千代田区富士見2-13-3　電話 0570-002-301（ナビダイヤル）

印刷・製本／図書印刷株式会社

●お問い合わせ
https://www.kadokawa.co.jp/（「お問い合わせ」へお進みください）
※内容によっては、お答えできない場合があります。
※サポートは日本国内のみとさせていただきます。
※Japanese text only

定価はカバーに表示してあります。

ISBN 978-4-04-108057-3　C0095

恒久《こうきゅう》
黄昏《こうこん》
更新世《こうしんせい》
後世《こうせい》
洪積世《こうせきせい》
光速《こうそく》
降誕祭《こうたんさい》
高年《こうねん》
光年《こうねん》
更年期《こうねんき》
光秒《こうびょう》
後氷期《こうひょうき》
光フィート《こうフィート》
甲夜《こうや》
高齢《こうれい》
ゴールデンウィーク
古稀《こき》
穀雨《こくう》

近頃
この頃
このところ
このほど

グレゴリオ暦《グレゴリオれき》
暮れ泥む頃《くれなずむころ》
暮れの秋《くれのあき》
暮れ六つ《くれむつ》
クロノス

限りの月《かぎりのつき》
学生時代《がくせいじだい》
学童期《がくどうき》
神楽月《かぐらづき》
学齢《がくれい》
過去《かこ》
華甲《かこう》
過去生《かこしょう》
過去世《かこせ》
過日《かじつ》
佳日《かじつ》
嘉日《かじつ》
カシマヤー
風待月《かぜまちづき》

変声期
年頃
反抗期
ティーンエイジ

新紀元
ジャズエイジ

来世《らいせ》
来年《らいねん》
楽《らく》
楽日《らくび》
ラマダーン
蘭月《らんげつ》

ウィークエンド
ウィークデー
ウェヌスの日《ウェヌスのひ》
雨季《うき》
憂き世《うきよ》
浮き世《うきよ》
牛時計《うしどけい》
丑の刻《うしのこく》
丑三つ時《うしみつどき》
ヴジャデ
雨水《うすい》
卯月《うづき》
卯木月《うつぎづき》
現し世《うつしよ》
卯の花月《うのはなづき》

八千代《やちよ》
八つ時《やつどき》
弥の明後日《やのあさって》
夜半《やはん》
夜分《やぶん》
山の日《やまのひ》
闇夜《やみよ》
弥生《やよい》

夕つ方
夕
夕刻
夕まし
夕さり
夕べ
昨夜

昭和の日
憲法記念日
みどりの日
シルバーウィーク

平日《へいじつ》
米寿《べいじゅ》
平成《へいせい》
平素《へいそ》
平旦《へいたん》
丙夜《へいや》
ベルエポック
ペルム紀《ペルムき》